KB203245

삶을 쓰는 글쓰기

—— 글쓰기 공식

석근대 지음

글과길

오랜만의 카톡이었다.

"9월 말 책을 출간하려고 합니다. '추천서' 부탁드려도 될까요?"

평소 존경하는 선배 목사님이었다. 어떤 책인지 확인도 하지 않고 덜렁 허락하고 말았다.

그저 목사님이 목회하시면서 느낀 단상을 정리한 책이 겠지 했다. 그런데 보내온 자료를 보곤 깜짝 놀랐다. 제목이

삶을 쓰는 글쓰기

"삶을 쓰는 글쓰기"였다. 어떻게 추천사를 쓸 것인가 앞이 캄캄했다.

답답한 마음에 그냥 프롤로그부터 읽었다. 문장이 짧고 담박했다. 문장의 리듬감이 감미롭게 다가왔다. 짧은 책이지만 알찬 내용이 가볍게 마음에 내려앉았다. 책을 읽다 문득 목사님이 보낸 문자가 떠올랐다.

"글쓰기 훈련병입니다. 추천사 허락해 주셔서 거듭 감사합니다. 목회도 글쓰기도 이등병 정신으로 살아보려고 합니다."

한 장 두 장 읽어 내려갈수록 목사님이 보낸 문자가 더 생생하게 떠올랐다. 읽으면 읽을수록 석 목사님은 글쓰기 훈련병이 아니라 조교처럼 느껴졌다. 글쓰기 이등병이 아니라 병장으로 다가왔다. 그의 글 앞엔 내가 글쓰기 훈련병이었다. 글쓰기 훈련병이 추천사를 쓴다는 게 어색하다. 빼어난 문장과 정제된 내용, 감탄이 절로 나왔다.

목사님의 첫 문장이 "왜 글을 써야 하는가?"이다. 에둘러 표현하지 않고 그냥 정곡을 찔렀다. 글을 써야 하는 이유를 "내가 목격한 내 인생을 쓰는 것이 글"이라고 했다. 그렇다. 글은 자기를 표현할 뿐 아니라 자기를 찾는 작업이다. 글쓰기는 정체성을 찾는데 머물지 않고 새로운 자기를 발견하는 길이다.

글쓰기에 관한 책이 수없이 많다. 내 서가에도 20여 권의 글쓰기 관련 책이 꽂혀있다. 어떤 책은 탐독했고, 어떤 책은 목차만 봤다. 그런데 목사님의 『삶을 쓰는 글쓰기』는 술술 읽힌다. 이제부터라도 글쓰기를 시작하고 싶은 생각이 든다. 짧은 책 속에 글쓰기의 모든 것이 들어 있다.

저자는 목사님이다. 책을 읽으면서, 후배 목사님들에게 글쓰기를 부탁하고 싶다는 생각이 들었다. 이런 생각을 했다.

'목사님처럼 글쓰기를 하면 주일 설교가 달라질 것이다. 석 목사님처럼 글을 쓰면 자신이 전하고자 하는 메시지를 보다 논리적이고 명확하게 전달할 수 있을 것이다.'

글쓰기는 자기를 표현하고, 자기를 개발하고, 자기를 치유하고, 자기를 형성한다. 그러나 목사님의 글쓰기는 다른 사람까지 치유하고 변화시킨다. 글쓰기 이등병이 이 말을 남기고 싶다.

"이 책 꼭 한 번 읽어 보시라!"

유재경 | 영남신학대학교 총장

삶을 쓰는 글쓰기

20년을 한결같은 마음으로 곁에서 같이 가치 있는 사역을 위해 함께한 석근대 목사님은 그분의 아름다운 마음을 아름다운 언어로 구현해 낸다.

"글을 쓰면 마음이 써진다"라고 표현한 문장을 대하면서 이미 저자의 마음이 읽어진다. 누구를 위한 글을 쓰기보다 자신을 위한 글을 써야 한다는 울림은 우리들로 하여금 글을 써 보고 싶은 용기를 갖게 한다.

글을 쓴다는 것은 나 자신의 내면을 들여다보는 것이며, 이로 인해 나의 영혼과 마음을 치유함으로써 나의 이야기를 쓰는 삶의 기록을 남기는 것일 게다.

한 단어, 한 문장씩 자유로운 영혼의 낙서를 일삼다 보면 어느새 삶의 조각들이 맞춰지고, 어디에 있는지 모르는 '나'라는 존재의 정체성을 엿보며 앞으로 살아가야 하는 남은 삶을 곰곰이 그려보게 된다. 그래서 "글을 쓰면 인생이 써진다"라는 저자의 울림 있는 글이 가슴을 파고 들어오는 듯하다.

나의 나 됨은 생각하는 것만으로는 이루어지는 것이 아닌 듯하다. '내가 누구인가?'의 물음에 답을 내어놓아야 하며, 그것이 바로 '글쓰기'일 것이다. 그래서 가슴속의 마음과 내

추천사

삶에 찾아드는 생각의 조각들을 잘 기워내어 '글'로 표현해야 한다.

"계획이 없는 것은 실패를 계획한 것이다" 라는 말이 있다. '기록되지 않는 것은 없는 것을 기록하는 것이다.'

나를 남긴다는 것! 그것은 '나를 쓰는 것'이다. 그것이 '글쓰기'라는 저자의 바람인 듯하다.

이 책을 통해 글을 쓰는 것이 늘 두려운 나로서는 저자가 말하는 글쓰기를 하고픈 마음을 갖도록 편안하고 자연스럽게 안내해 준다. 그저 가볍게 낙서로부터 시작하는 것에서 깊은 용기를 내게 한다.

'글쓰기, 오늘부터 시작하자.' 무엇을 하든지 내일로 미루지 말자. 그렇게 자연스럽고 솔직하며, 자유롭게 낙서를 하다 보면 남아있는 글들의 조각을 볼 수 있고, 그 조각들이 모여지면 산문이 되고 시가 되고 마침내 책이 된다.

우리에게 다가서는 저자의 글쓰기는 누구나 할 수 있는 가능성을 열어 주고 어느새 자신도 모르게 책상 앞에 앉게 한다. 한 꼭지 한 꼭지 읽다 보면 어느새 노트에 낙서가 되게 하는 신비로움을 이 책을 통해 경험하게 한다.

저자는 말미에 "우리 모두 글을 써서 행복한 삶을 살기 바라는 마음으로 썼다" 라고 한다. 글쓰기 놀이로 초대하는 이 책을 진심어린 마음으로 일독하며 ….

김성진 목사 | 목회컨설팅연구소 소장

세상은 말과 글 그리고 영상으로 되어 있다. 그중 글쓰기는 셋 중 중심적인 위치를 차지한다. 삶에 중심적인 위치를 차지하는 글을 사람이라면 써야 한다. 하지만 글을 쓰는 사람은 그다지 많지 않다. 글쓰기가 중요하다고 하는 사람은 더 적다.

석근대 목사님은 글은 반드시 써야 한다고 주장한다. 저자의 말대로 글이 삶을 쓰기 때문이다. 글을 써서 남다른 삶이 된다면 글을 써야 할 가치는 충분하다.

저자의 글은 이채롭고 흥미롭다. 글쓰기에 대한 저자의 생각이 색다름으로 넘친다. 글쓰기를 15초 광고로, 음악으로, 화상 치료로, 숲 가꾸기로, 성형외과 등의 은유로 표현하는 것은 거의 본 적이 없기 때문이다.

저자는 '글을 쓰면 인생이 써진다'라고 확신한다. 그래서 그가 강조하는 목적어는 '써'다. 한 번 "써 보라"고 권한다.

저자가 독자에게 글을 쓰라고 하는 이유는 모든 사람은 '생각의 알'을 가지고 있기 때문이라고 말한다.

나와 저자는 오래전부터 알고 지낸 사이다. 먼 발치에서 본 저자는 자신이 가야 할 길을 묵묵히 가고 있다. 글을 씀으로 매일의 행복을 말한다. 그는 매일 자연과 일상 그리고 글을 쓰기 위한 글 채집에 열정적이다. 매일 살아가는 목적이 글을 쓰기 위함이라 독자들에게 '써'라고 당당하게 말하는 것 같다.

저자는 글을 쓰기 시작한 뒤 삶이 행복해졌다고 입버릇처럼 말한다. 그 행복을 우리도 누리기를 간절한 마음으로 소망한다.

『삶을 쓰는 글쓰기』는 삶이 힘든 사람, 불행을 청소하고 싶은 사람, 매일 꿈을 꾸고 싶은 사람, 글을 잘 쓰고 싶은 사람에게 적합하다.

세상은 사람마다 쓸 글로 넘쳐난다. 넘쳐나는 경험을 글로 풀어내는 것은 부족하다. 이 책을 통해 독자들이 삶의 놀라운 축복을 경험하길 소망한다.

독자들이 저자처럼 멋진 삶, 행복한 삶, 아름다운 삶을 쓰고 싶은 사람으로 정진하길 소망하며, 이 책을 시작으로 스스로가 원하는 삶을 그리는 글쓰기를 시작하길 바란다.

김도인 목사 | 아트설교연구원 대표

저서로는 『설교는 글쓰기다』, 『목회트렌드 2024』, 『설교트렌드 2025』 등 20권이 있다.

프롤로그

왜 글을 써야 하는가?

왜 글을 써야 하는가? 글쓰기는 나를 그리는 몽타주다. 몽타주는 목격자의 말을 근거로 얼굴을 그린다. 내 인생은 내가 가장 확실한 목격자다. 글을 써야 하는 이유는 내가 목격한 내 인생을 그리는 것이기 때문이다. 사람들은 체중계에 오른다. 건강을 유지하기 위함이다. 글쓰기는 나의 정신 건강을 체크하는 체중계다. 치매는 기억력을 상실한다. 글을 쓰는 행위는 기억력을 되살리는 좋은 방법이다.

삶을 쓰는 글쓰기

프랑스의 진화론자 레마르크는 '용불용설'(用不用說)을 주장했다. 이는 생물의 적응 능력을 뜻한다. 즉, 용불용설은 자주 사용하는 생물의 기관은 발달하고 사용하지 않는 기관은 퇴화해서 없어진다는 학설이다.

사람의 뇌도 마찬가지다. 뇌도 쓰지 않으면 녹슨다. 건강한 뇌를 유지하기 위해 글쓰기를 해야 한다.

글쓰기는 스펙에 속하지 않고 스토리에 속한다. 스펙이 착공이라면 스토리는 준공이다. 스펙이 도면이라면 스토리는 건물이다. 도면은 찢어 버리면 그만이다. 건물은 찢을 수 없다. 그 건물을 제대로 지어야 한다. 스토리는 다른 것이 아니라 건물을 출입하는 사람들의 이야기다. 우리는 스펙을 쌓지 않고 스토리를 만들어야 한다. 글을 쓰는 것은 스펙을 쌓는 행위가 아니라 스토리를 전개하는 행위이다.

우리는 글을 써야 한다. 글쓰기는 나를 광고한다. 제대로 하려면 지상이 아니라 공중에서 광고해야 한다. 지금은 드론으로 촬영하는 시대다. 드론은 공중에서 촬영하므로 구석구석 어딘가를 사람들에게 알려 준다. 드론 촬영은 세밀한 것까지 보여 준다.

광고는 사람들에게 내가 가진 것을 알리는 행위이다. 광고는 임팩트(impact)가 있어야 한다. 그래야 대중의 마음을 움직일 수 있다. 대중의 마음을 움직이는 짧은 광고에 필요한 시간은 15초에 불과하다.

글쓰기는 자신을 공개하는 광고와 같다. 15초 안의 광고에는 3가지 요소가 따른다. 지성(문장)과 감성(배경음악), 인성(인기 스타)이다. 우리의 글쓰기는 지성과 감성, 인성을 드러내는 광고 15초와 같다.

우리는 왜 글을 써야 하는가? 글쓰기는 나를 움직이는 힘이기 때문이다. 글쓰기는 명사를 동사로 움직이는 에너지다. 글을 쓰면 내 삶에 새로운 에너지를 채운다. 우리는 글을 써야 한다. 글쓰기는 누구나 할 수 있다.

글쓰기에는 내일이 없다. 오늘 써야 한다. 아이들은 글자를 몰라도 종이와 연필을 보는 순간 자기만의 독특한 흔적을 남긴다. 글쓰기는 나만의 독특한 흔적을 남기는 과정이다. 아이가 남긴 흔적을 본 엄마는 글자인지 그림인지 모르지만 "잘 그렸네"라고 칭찬한다. 이처럼 글쓰기는 누구나 할 수 있는 영역이다.

글쓰기에는 나이 제한도 없다. 취직은 나이를 제한한다. 입대할 때도 연령 제한이 있다. 글쓰기만이 나이 제한이 없다. 그러므로 누구나 할 수 있다. 글쓰기는 장소의 구애도 받지 않는다. 어디서나 할 수 있다. 낙서부터 시작할 수 있다. 글쓰기에는 특정한 공식이 없다. 무식하게 시작해도 글쓰기이다.

글쓰기는 시작이 중요하다. 글쓰기의 황금 시기는 '지금'이다. 화가는 아무나 할 수 없다. 올림픽 우승자도 아무나 할 수 없다. 글쓰기는 누구나 하면 된다. 성악가는 아무나 할 수 없다. 노래는 누구나 한다. 아무나 하지 못하는 것을 하는 사람은 전문가다. 전문가는 어느 정도 타고 난다. 글쓰기는 타고 나지 않는다. 글쓰기는 누구나 할 수 있다.

우리는 글쓰기를 못 하는 게 아니라 안 하는 거다. 학창 시절에는 글쓰기가 정말 싫었다. 나이 예순이 되면서 글쓰기를 시작했다. 지금은 글쓰기가 재미있다. 5년간 글쓰기를 배우면서 책 2권을 출간했다. 글쓰기를 시작한 결과다. 100세 시대가 되면서 앞으로 무엇을 하며 살 것인지에 대해 고민하는 사람이 많다. 글을 쓰기 시작하면 길이 보인다.

글쓰기는 누구나 할 수 있다. 글쓰기를 하면 내가 웃고, 다른 사람을 웃게 한다. 실제로 모든 사람이 글쓰기를 한다. 이름 쓰기도 글쓰기다. 주민등록번호 쓰기도 글쓰기다. 우리는 글쓰기를 연기(延期)하지 말고 연기(演技)해야 한다. 그러면 자기 인생의 주인공이 된다. 인생은 자신이 주인공이다. 자기만의 인생 드라마다. 인생 드라마 작가는 자신이다. 글을 쓰면 인생 드라마의 작가가 된다.

마음에 와닿는 글을 써라

영화, 드라마, 연극을 보거나 독서하다 보면 마음에 와닿는 명대사를 발견한다. 마음에 와닿는 명대사는 삶 밖에 있지 않고 일상 가운데 있다. 길거리를 다니거나 운전 중에 보면 자동차 뒤편 유리에 붙은 글들이 있다. 그런 글들이 마음에 와닿는다. 운전자의 마음을 전달하는 글쓰기다. 어느 자동차에 이런 문구가 있다.

"버스도 택시도 무섭지만 내가 제일 무섭다."

같은 운전자로서 공감되는 글이다. 이 문구는 초보 운전자임을 알린다. 사람은 마음에 와닿는 글을 읽는 순간 배려하고 싶은 본능이 일어난다. 반면, 짧막한 글이지만 읽는 사람의 눈을 찌푸리게 하는 글도 있다.

"R 아서 P 하라."

이런 문구는 짧지만 확실한 메시지를 전한다. 마음을 불쾌하게 하는 글쓰기의 결과물이다.

우리는 마음을 불편하게 하는 글쓰기를 하기보다는 마음을 치료하는 글쓰기를 해야 한다. 마음을 치료하는 글쓰기는 어떻게 하는가?

공감을 불러일으키면 된다. 마음에 와닿는 글쓰기는 한마디로 공감되는 글쓰기다.

일상에서 공감의 좋은 장르는 음악이다. 음악의 시작은 작사와 작곡이다. 작사는 글쓰기다. 작곡은 음표로 장(長), 단(短), 고(高), 저(底)로 표시한다. 작사와 작곡의 클라이맥스는 노래다. 노래하는 자는 음악가다. 음악의 알파와 오메가를 조율하는 사람은 지휘자다.

글에는 단문과 장문이 있다. 글쓰기의 단문은 시(詩)다. 글쓰기의 장문(長文)은 소설이다. 시는 사람의 마음을 움직인다. 소설은 인간의 생각을 다스린다.

글쓰기는 인간의 마음과 생각을 끄집어내는 음악이다. 마음에 와닿는 글쓰기는 음악이다. 음악은 시간, 공간, 장소, 시대를 초월한다. 음악은 공감을 일으키는 좋은 장르다. 우리가 쓸 글은 마음에 와닿는 글이다.

글을 쓰면 그 효과는 크다

글쓰기는 어떤 효과가 나타나는가? 필자는 탄산음료를 마시지 않는다. 탄산음료를 마시면 소화 기능이 즉각 반응한다. 내 몸에 탄산음료는 효과 만점이다. 화장실로의 직행이다. 매일 먹는 음식은 당장 효과가 나타나지 않는다. 시간이 지나야 나타난다. 머리카락도 시간이 지나야 자란다. 시간이 지나야 손톱도 자란다.

글쓰기는 당장 효과가 나타나지 않는다. 글을 쓰는 시작이 중요하다. 글쓰기를 시작하면 언젠가 효과가 나타난다. 글쓰기를 시작하지 않으면 아무 일도 일어나지 않는다.

글쓰기는 숲 가꾸기와 같다. 숲은 하루아침에 만들어지지 않고 오랜 시간과 과정을 거쳐야 만들어진다. 먼저 묘목을 심어야 한다. 묘목은 땅을 만나야 자란다. 마찬가지로 글쓰기의 효과는 글자와 글자가 만나야 나타난다.

과수원 지기는 유실수를 관리한다. 유실수 관리에 빼놓을 수 없는 것이 있다. 가지치기다. 가지치기를 하면 탐스러운 열매를 거둔다. 우리가 글을 쓰면 시각 확장이 일어난다. 안 보이던 것이 눈에 보인다. 보이지 않던 사물이 시간이 지나면 눈에 들어온다. 무심코 지나쳤던 사람도 선명하게 보인다.

글쓰기는 청각 확대다. 글쓰기를 하겠다는 생각을 굳히는 순간부터 같은 소리도 다르게 들린다. 소리로만 듣던 것이 음악으로 느껴진다.

글쓰기는 촉각 반응이다. 필기도구를 잡는 순간부터 촉각을 자극한다. 컴퓨터 자판기를 여는 순간부터 생각의 촉각이 자극된다.

글을 쓰면 온몸을 움직이는 자극 효과가 나타난다. 즉, 오감이 되살아난다. 글을 씀으로 삶의 의미와 생동감이 살아난다.

글을 쓰기 위한 전술이 있어야 한다

글을 쓰기 위한 일곱 가지 전술이 있다.

첫째, 글쓰기는 성형외과다. 성형은 왜 하는가? 다른 사람에게 예쁘게 보이기 위해서다. 글쓰기에도 성형이 필요하다. 신문 기사나 문장을 쓸 때 육하원칙을 따라 쓰면 선명하게 보인다. 글쓰기는 선명하게 보여야 한다.

둘째, 글쓰기는 안과 수술이다. 글쓰기는 눈으로부터 시작한다. 그냥 스치며 보는 게 아니라 사무치게 봐야 한다. 사무치게 본다는 것은 손가락만 보는 게 아니라 지문까지 보는 것이다. 손가락만 보면 누군지 모른다. 지문을 보면 누군지 알 수 있다.

셋째, 글쓰기는 생각 시술이다. 돌멩이는 생각이 없다. 그러나 돌멩이를 바라보는 석공은 생각한다. 돌멩이로 목걸이를 만들 생각을 한다. 돌멩이를 가치로 따지면 0원이다. 돌멩이를 목걸이로 다듬으면 그 가치를 측정할 수 없다.

넷째, 글쓰기는 예술이다. 예술은 표현 방식이다. 표현하지 않는 사랑은 짝사랑이다. 짝사랑은 이루어지지 않는 혼자만 하는 사랑이다. 사랑을 표현하면 연애가 된다. 글쓰기는 짝사랑으로 끝나는 게 아니라 연애로 이어지는 데이트다.

다섯째, 글쓰기는 화상(火傷) 치료다. 화상병원은 일그러진 피부를 되살리는 기술이 중요하다. 글쓰기는 기술이다. 기술은 구체적이고 실제적이다. 설명서는 구체적이고 실제적이다. 글쓰기는 삶을 설명하는 기술이다. 화상 치료는 거친 피부를 부드럽게 한다. 글쓰기는 거친 마음을 따뜻하게 한다.

여섯째, 글쓰기는 미술이다. 미술은 평면(그림)과 입체(조각)로 표현한다. 미술은 색깔과 원근 거리, 명암으로 사물을 돋보이게 한다. 조각은 음각, 양각으로 작품을 소개한다. 글쓰기는 단어를 시각적으로 해석한다. 글쓰기는 문장을 조각하여 인간의 삶을 풀이한다.

일곱째, 글쓰기는 마술이다. 마술은 여러 가지 도구나 손재주로 다양한 장면을 연출한다. 마술은 빠른 동작으로 전혀 다른 사물을 눈앞에 펼쳐 낸다. 글쓰기는 같은 사물을 다르게 전달한다. 똑같은 장면을 마술처럼 색다르게 연출한다. 글쓰기는 눈앞에 펼쳐지는 신기한 마술이다. 글쓰기는 생각을 글자로 보여 주는 마술이다.

글쓰기는 지금, 누구나 하면 좋다

글쓰기 당장 해야 한다. 글을 쓰면 삶이 써지기 때문이다. 평
범했던 삶이 비범한 삶으로 탈바꿈한다.

　글을 쓰면 삶이 써지는 이유는 마음이 써지기 때문이다.
마음속에 자리 잡고 있던 감정이 윷놀이한다. 마음 깊은 곳
으로부터 생각의 파도가 일어난다. 마음속에 주름 잡힌 기억
을 서서히 다림질하게 된다. 결국 글을 쓰면 인생이 써진다.
글을 쓰면 자신의 인생사에서 겪었던 희로애락을 동서남북
으로 펼칠 수 있다.

　글짓기는 '주제'가 필요하다. 글쓰기는 '이제'가 중요하다.

　글쓰기는 이제부터 시작하면 누구나 할 수 있다.

목차

Chapter 1

글을 쓰면
삶이 써진다

인공지능 시대에
글을 써야 하는 이유는
선명하다

—

글쓰기는 나를 그리는 몽타주다

왜 글을 써야 하는가? 글쓰기는 나를 그리는 몽타주이기 때문이다. 몽타주는 목격자의 말을 토대로 얼굴을 그린다. 얼굴을 그릴 때 기억과 함께 근거를 찾아가며 그린다. 몽타주는 목격자가 그린다. 우리 인생에도 목격자가 있다. 바로 나자신이다.

우리가 글을 써야 하는 이유는 내가 경험한 내 인생을 그리기 위함이다. 우리의 글쓰기는 각자의 몽타주다. 즉, 내가 경험하고 목격한 나만의 몽타주다.

사람을 찾기 위해 몽타주를 그리듯이, 우리의 글쓰기는 감춰진 자기의 생각을 찾는 것이다. 글을 쓸 때는 내 속에 숨겨진 기억을 찾아내야 한다.

이정하는 저서『몽타주』에서 몽타주를 다음과 같이 설명한다.

몽타주(montage)는 '오르다'(자동사)라는 뜻으로 매우 흔하게 쓰는 프랑스어 동사 'monter' 타동사형에서 파생된 명사다.

타동사 'monter'에는 '올리다' 외에도 '조립하다', '짜맞추다'의 뜻이 있다. 몽타주를 그리듯이 글쓰기란 자기 내면의 것을 끌어올린다.

우리가 글을 쓸 때는 다양한 언어를 문장으로 조립한다. 지상에 존재하는 모든 글자로 조립하되 그 글자는 단문으로 해야 한다.

프랑스 어원사전에 따르면 '몽타주'라는 말은 13세기에 처음 출현해 17세기에 정착되었다. 몽타주가 오랜 시간이 걸려 정착되었듯이, 글쓰기도 하루아침에 되지 않는다. 긴 시간이 모여야 한다. 하루가 모이면 일주일이 된다. 일주일이 네 번 모이면 한 달이 된다. 우리가 할 글쓰기는 매일매일 지속함으로 정착된다.

몽타주라는 단어를 들으면 현상수배 대상자가 머릿속에 그려진다. 이렇듯, 우리가 할 글쓰기는 숨겨진 글자를 수배하는 일련의 과정이다. 몽타주가 감춰진 형상을 들추어내듯 글쓰기는 감춰진 생각을 들추어내는 것이다.

몽타주는 가상의 얼굴을 그리는 작업이다. 가상의 얼굴이지만 목격자의 말을 토대로 그린다. 몽타주는 가상이지만 실상을 찾는 데 도움을 준다. 글쓰기 중, 소설 쓰기는 가상을 실상처럼 보이게 한다. 글을 쓰려면 먼저 가상의 단어들을 수배해야 한다.

몽타주는 목격자의 말을 토대로 선과 선을 연결하여 얼굴을 그린다. 글쓰기는 글자와 글자, 단어와 단어를 서로 연결하여 하나의 이야기를 만드는 몽타주와 같은 작업을 해야 한다. 몽타주는 가상이지만 실상을 찾는 방법이다. 글쓰기도 나를 찾고 나의 실상을 찾는다.

글쓰기로는 숨겨진 자신의 재능을 찾을 수 있다. 자신을 찾아 자기만의 것으로 남기는 것이 일기다. 자기를 찾아 기록한 글을 세상에 알리는 것은 수기다. 이처럼 일상의 글쓰기는 크게 두 가지로 일기와 수기다. 일기는 자신만 보관하는 몽타주다. 수기는 타인에게 공개하는 몽타주다. 글쓰기는 나를 공개 또는 비공개하는 몽타주다. 왜 글을 써야 하는가? 글쓰기는 나를 찾아 나를 발견하고 나를 공개하는 몽타주이기 때문이다.

글쓰기는 나를 체크하는 체중계다

체중계로는 몸무게를 체크한다. 글쓰기는 나를 체크하는 체중계와 같다. 신생아로부터 노인까지 건강 상태를 체크한다. 신장과 체중으로 건강의 기본 상태를 체크할 수 있다. 신장과 체중의 비율을 알면 건강 상태를 알 수 있다. 체중 상태에 따라 비만, 정상, 허약 체질이라는 사실을 판정할 수 있다.

체중에 따라 식단을 조절하게 된다. 체중을 알아야 음식량을 배분할 수 있다. 사람들이 식단을 조절하기 위해 음식을 배분하는 이유는 건강한 체중을 유지하기 위함이다.

주부는 살림살이를 체크하기 위해 가계부를 쓴다. 수입과 지출을 비교하며 잔액 상태를 체크하기 위함이다. 가계부 쓰기는 주부의 알뜰한 재정관리 방법이다.

학생들은 정기적으로 시험을 치른다. 학습 상태를 체크하기 위해서다. 시험으로 자신의 실력을 평가할 수 있다. 어린 아이들이 초등학교에 입학하면 받아쓰기 시험을 친다. 받아쓰기 시험은 글자 실력을 체크하는 순간이다.

우리는 자신을 종종 체크해야 한다. 최적의 방법이 글쓰기다. 글쓰기는 자신을 체크하는 체중계와 같다. 초등학생들에게 일기 쓰기를 권장하는 이유가 이 때문이다.

나탈리 골드버그는 『구원으로서의 글쓰기』에서 다음과 같이 조언한다.

구체적으로 쓴다. 자동차라고 말하지 말고 캐딜락이라고 하라. 말이라고 하지 말고 황갈색 말이라고 하라. 과일이라고 하지 말고 귤이라고 하라. 나무라고 하지 말고 플라타너스라고 쓰라. 하지만 구체적으로 쓰려고 글쓰기를 멈추지 말라. 잘 기억나지 않으면 그냥 기억나는 만큼만 쓰라.

글쓰기는 한 사람의 지적 체중계다. 체중계에 나타난 숫자는 구체적일 수밖에 없다. 글쓰기는 자기의 생각을 측정하는 체중계다.

사람의 체중은 운동한다고 해서 하루아침에 빠지지 않는다. 체중이 한순간에 오르지도 않는다. 체중계의 숫자는 일순간에 달라지지 않는다. 꾸준함이 있어야 한다. 꾸준히 하면 어느 순간 달라진다.

아내는 매일 아침 1시간 30분 동안 아무런 도구 없이 스트레칭을 한다. 3개월 동안 해도 달라지는 건 없었다. 6개월이 지나자 3kg이 빠졌다. 못 입던 옷을 입을 수 있다면서 싱글벙글한다. 6개월의 꾸준함이 체중계 숫자를 바꾸었다.

글쓰기는 자신의 지적인 것을 측정하는 체중계다. 체중계에 오르는 사람은 원하는 목적이 있다. 그 목적을 위해 꾸준히 식단과 운동으로 조절한다. 글쓰기도 꾸준히 해야 한다. 하루에 원하는 분량을 정해 놓고 꾸준히 독서와 글쓰기로 조절해야 한다.

글쓰기를 하려면 독서로 채워야 한다. 글쓰기는 읽은 책에서 비울 것은 비우고 필요한 것만 서평으로 남기는 채움을 통해 가능하다.

글쓰기는 스펙이 아니라 스토리 만들기다

글을 쓰는 사람은 스펙이 아니라 스토리가 있는 사람이다. 김정태의 『스토리가 스펙을 이긴다』에서는 '직업'이란 단어를 '職'(직)과 '業'(업)으로 나누어 생각한다.

'職'은 영어로 'Occupation'이다. 이 단어는 내가 점유하고 있는 직장 내에서의 담당 업무를 뜻한다. 그러니까 '직'은 내가 아닌 누군가로 대체 가능하다.

'業'은 영어로 'Vocation'이다. 즉, 평생을 두고 내가 매진할 수 있는 것이다. 그러므로 '업'은 나의 존재와 삶에서 뗄 수 없다. 대체도 불가능하다. 그렇기에 업은 장인(Mastership)과 연결된다.

직업이 업이 되려면 '나는 어디서 일하고 싶지?'가 아니라 '나는 무슨 일을 하고 싶지?'라고 먼저 묻고 고민해야 한다.

대중에게 알려진 ○○ 기업에 다닌다고 명함을 내밀면 스펙이다. 스펙은 타인을 향한 나의 자랑일 수도 있다. '매일 불과 마주하며 씨름하는 용접공'이라며 자기가 하고 있는 일을 당당하게 말하는 것은 자기 일을 사랑하는 스토리다.

저자는 스펙과 스토리의 차이점을 다음과 같이 설명한다.

스토리가 스펙을 이긴다. 스펙은 다른 사람과 비교하지만, 스토리는 나를 점검하게 한다. 스펙이 나를 우월하게 만들어 줄지는 모르지만, 스토리는 나를 돋보이게 한다. 스펙은 쉽게 잊히지만, 스토리는 기억된다. 스펙은 이력을 관리하지만, 스토리는 역량을 관리한다. 스펙은 상대를 배제하지만, 스토리는 상대를 포섭한다. 스펙은 실패를 감추고 싶지만, 스토리는 실패를 자랑하고픈 경험이다. 스토리는 기회를 부르고 마침내 스토리가 스펙을 이긴다.

글쓰기는 스펙을 만들어 가는 것이 아니라 스토리를 만들어 가는 것이다. 스펙이 무엇인가를 시작하는 착공이라면 스토리는 무엇인가를 완성하는 준공이다.

스펙이 도면이라면, 스토리는 건물이다. 도면은 찢어 버리면 그만이다. 건물은 찢을 수 없다. 건물 안에는 출입하는 사람들의 이야기가 계속 펼쳐진다. 우리는 인생의 건물을 짓는 글쓰기를 해야 한다. 글을 쓰면 스토리를 전개하는 삶의 현장을 만든다.

김정태의 『스토리가 스펙을 이긴다』의 프롤로그에는 두바이의 7성급 호텔에 대해 이렇게 썼다.

"사막에 스키장이 들어섰다."

이 문구는 전 세계가 창조경영의 사례로 칭송한 두바이의 홍보 문구다. 이 호텔을 찾은 관광객들에게 가이드는 이런 표현을 써서 호텔 소개를 한다. '세계 최고', '세계 최대', '세계 최초'다. 두바이 7성급 호텔은 이런 수식어가 따라붙는 호텔이다. 그러나 처음엔 탄성을 지르며 어느 도시의 빌딩보다 높고 화려하고 어떤 기업보다 먼저 시도한 기술이었지만 그 도시에는 스토리가 없다.

우리는 스토리를 만들어야 한다. 필리핀 마닐라 호텔 방 테이블 위에 놓은 작은 책갈피에 이런 문구가 있었다.

"It's a good story if it is like the Manila Hotel."

이 문구의 뜻은 '만약 마닐라 호텔과 같다면 그것은 좋은 이야기다'이다. 이 내용은 "좋은 소설이란 무엇이냐"는 기자들의 질문에 대한 헤밍웨이의 답변이다. 1백여 년 전에 세워진 마닐라의 좋은 호텔은 미국 아이젠하워 대통령을 비롯하여 비틀스, 존 웨인, 로버트 케네디 등 유명인들이 묵었던 곳이다. 전쟁으로 인한 손상과 함께 건물은 낡았지만 정성 어린 서비스와 역사는 여행자들을 불러 모은다. 호텔 로비에는 이국적인 샹들리에부터 필리핀 민속 의상을 입은 호텔 직원들까지 투숙객들에게 멋진 스토리를 전하고 있기 때문이다.

글쓰기는 스펙을 전하는 게 아니라 스토리를 만들어 전달한다. 스펙은 최고를 광고하지만, 스토리는 유일함을 홍보한다. 글쓰기는 스펙을 높이는 게 아니라 스토리를 넓힌다. 스펙은 최고를 추구하지만, 스토리는 최적을 탐구한다. 스펙은 1등을 쫓아가지만, 스토리는 일류를 좋아한다. 스펙은 치열하지만, 스토리는 나만의 이야기를 나열한다. 스펙은 차별에 목마르지만, 스토리는 특별함을 유지한다.

우리가 글을 써야 스펙이 아니라 스토리를 만들 수 있다. 스펙은 무지개를 꿈꾸지만, 스토리는 빨강, 주황, 노랑, 초록, 파랑, 남색, 보라색을 드러낸다.

사람마다 혈액형이 다르다. 얼굴도 제각각이다. 지구에서 살고 있는 80억 명 이상의 사람 중에 똑같은 지문은 없다. 이처럼 글쓰기는 나만의 독특함을 만들게 한다.

글쓰기는 서로의 다름을 인정하고 자기 나름의 생각을 표현하는 일련의 과정이다. 글쓰기는 나만의 스토리를 기록한다. 그러면 내 인생의 히스토리가 만들어진다.

2

글쓰기는
나를 광고하는
15초다

글쓰기는 나를 보여 주는 명찰이다

글쓰기는 나를 보여 주는 명찰이다. 명찰을 이용해 우리는
이름을 공개한다. 이름을 공개할 수 있는 것은 떳떳하다는
증거다. 이름을 비공개하고 숨기는 건 비겁하다는 것이다.
명찰에 적힌 이름은 공개적인 글쓰기다. 명찰에 이름을 새기
는 것은 숨김이 아니라 남김이 된다.

　명찰은 자기를 나타내는 신분이다. 사람이 사람을 처음

만나면 서로 간에 통성명한다. 명함을 주고받으며 이름을 기억한다. 명함은 타인에게 나를 공개하는 글쓰기다. 눈으로 읽고 기억하는 안전장치다. 명찰도 명함도 글쓰기다.

주민등록번호 또한 숫자로 나를 공개하는 명찰이다. 주민등록번호는 사람마다 달라 겹치지 않는다. 자신만이 평생 간직하는 고유번호다. 사람마다 부여된 주민등록번호는 숫자로 나를 밝히는 글쓰기다.

명찰과 주민등록번호는 나를 공적으로 공개하는 표시(標示)다. 글쓰기는 독자들에게 이 책의 저자가 누구인가를 알리는 명찰이다. 글쓰기는 책을 몇 년 도에 출간한 것인지 숫자로 밝힌다. 명찰과 숫자는 글쓰기의 근거다. 비공개가 아니라 나를 공개한다.

일출은 어둠을 밝힌다. 글쓰기는 나의 출처를 밝힌다. 명찰과 주민등록번호는 나를 분명하게 노출한다. 명찰은 다른 사람에게 자신을 노출한다. 명찰이 외부적인 노출이라면 글쓰기는 내부적(內部的)인 노출이다. 글쓰기는 자기 생각을 독자들에게 전하는 명찰과 같다.

유시민은 『유시민의 글쓰기 특강』에서 다음과 같이 말

한다.

글쓰기는 자기 내면을 표현하는 행위다. 표현할 내면이 거칠거나 황폐하면 좋은 글을 쓸 수 없다. 글을 써서 인정받고 존경받고 싶다면 그것에 어울리는 내면을 가져야 한다. 그런 내면을 가지려면 그렇게 살아야 한다. 글은 손으로 생각하는 것도 아니고 머리로 쓰는 것도 아니다. 글은 온몸으로, 삶 전체로 쓰는 것이다. 논리 글쓰기를 잘하고 싶다면 그렇게 살아야 한다. 방법만 배운다 해서 글을 잘 쓰게 되는 것은 아니다. 시와 소설을 쓰는 작가들도 재주가 아니라 삶으로 글을 쓴다고 말한다. 시사평론과 칼럼, 논술문과 생활 글은 더 그렇다. 은유와 상징이 아니라 사실과 논리로 마음과 생각을 표현하기 때문이다. 기술은 필요하다. 기술만으로 잘 쓸 수 없다. 잘 살아야 잘 쓸 수 있다.

글을 쓰면 외부를 가꾸는 코디가 아니라 내부를 메꾸는 데 주안점을 둔다. 글쓰기는 작가와 독자 사이를 연결하는 마디다. 마디가 되려면 생각의 씨앗이 세상 밖으로 나와야

삶을 쓰는 글쓰기

한다.

유명한 브랜드는 그 브랜드만이 가진 특징이 있다. 그 브랜드로 홍보한다. 글쓰기는 나만의 생각을 브랜드화해서 자기만이 가진 생각 브랜드를 홍보한다.

나만의 브랜드는 다른 사람에게 유익을 주어야 한다. 사람들은 유익한 브랜드를 기억한다. 브랜드가 자기에게 유익이 되면 그 브랜드의 신상품을 기대하며 기다린다. 글쓰기는 나만의 브랜드 만들기다. 나만의 글쓰기가 브랜드화되면 독자들은 나의 글을 기다린다.

글쓰기는 광고 큐(cue)다

방송사에서 "큐!"라고 하는 순간, 전하고자 하는 내용이 전파를 통해 전 세계로 실시간 전달된다. 글쓰기는 나를 세상 밖으로 전달한다. 글쓰기는 내가 나를 운영하는 방송이다. 방송사 큐는 전파로 전달한다. 글쓰기는 책을 통해 사람들에게 전달한다. 글쓰기는 세상을 향한 나의 큐 사인이다.

성경은 하나님의 감동으로 기록된 글이다. 1,600년간 40명의 저자에 의해 기록된 성경은 세계 각 나라 언어로 번역되어 지구촌 사람들에게 읽힌다. 이렇듯 글은 문자로 기록되고 영상으로 전파된다. 글자는 소리와 함께 주파수를 통해 오디오로 전달된다. 그러므로 우리의 글쓰기는 세상과 소통하는 광고 큐다.

광고는 큐로 시작한다. 광고의 사전적인 의미는 '판매를 목적으로, 상품에 대한 정보를 여러 가지 매체를 통하여 소비자에게 널리 알리는 의도적인 활동 또는 세상에 널리 알림'이다. 광고로 소비자에게 상품을 알린다. 광고는 알림이다. 우리는 글쓰기라는 광고로 나의 작품과 인품을 세상으로 전송할 수 있다.

큐! 하는 순간, 시간과 공간을 초월하여 문화 매체를 타고 흘러간다. 글쓰기는 시간과 공간의 제한을 받지 않는다. 글쓰기는 오늘의 일상을 드러낸다.

글쓰기는 아주 먼 옛날의 기억을 되살려 낸다. 글쓰기는 가까운 곳으로부터 먼 곳까지 생각 타임머신을 타고 기록한다. 글쓰기는 책으로, 메일과 문자로, 페이스북과 카카오톡으로 전달한다. 말은 쉽게 사라지지만 글은 오랜 세월 살아남는다. 우리는 글을 써서 남겨야 한다. 꾸준히 글을 쓰면 볼품 없는 나도 일품(逸品)으로 만들어 준다.

큐의 또 다른 사전적 의미는 '당구공을 칠 때 쓰는 가늘고 긴 막대기다.' 당구에서 큐는 시작이다. 게임 시작을 알리는 출발이다. 당구 경기는 큐를 이용하여 공과 공을 부딪치게 한다.

글쓰기는 자기의 생각과 글자, 상상과 현상의 부딪침이다. 글쓰기를 하면 한글과 외래어가 부딪쳐 새로운 용어가 재탄생한다. 글쓰기는 작가와 독자의 마음이 서로 맞닿게 되는 큐다.

우리가 글을 쓰면 다양한 계층의 사람에게 알림과 울림을 준다. 이처럼 글쓰기는 독자들에게 생각과 행동의 굴림 현상을 일으키는 큐이자, 독자들에게 '알림, 울림, 굴림'을 주는 큐다.

글쓰기는 큐아르 코드(QR-pay)와 같다. 큐아르 코드는 여러 가지 정보를 흑백의 격자무늬 그림으로 표시하는 기호다. 글쓰기는 작가의 모든 정보를 글자나 그림으로 표시하여 독자들에게 전출(轉出)한다.

큐아르 코드에는 개인의 모든 정보가 함축되어 있다. 큐아르 코드는 기업이나 단체, 개인이나 공공기관의 모든 정보가 한순간에 드러난다.

글쓰기는 큐아르 코드처럼 작가의 모든 사상(思想), 심상(心象), 신상(身上)을 몽땅 공개한다. 큐아르 코드는 평면으로 된 표식이지만, 글쓰기는 입체적으로 나를 개방하는 표현이다.

글을 쓰면 가까운 사람에게 자기의 생각을 전달할 수 있다. 멀리 있는 사람들에게도 자기의 생각을 전송할 수 있다. 글쓰기는 국경을 넘어간다. 글쓰기는 국경선이 없다. 글쓰기는 전 인류를 향한 진출이다.

15초만으로도 충분하다

15초는 짧다. 그러나 짧은 15초의 영향력은 막강하다. 마케팅 전략에서 광고 15초는 15억 원, 150억 원, 1,500억 원의 매출을 올리는 기폭제가 된다. 짧은 15초가 한순간에 지구촌 끝에 있는 사람의 마음까지 움직인다.

'애국가'를 발음하는 시간은 '3초'다. 그 3초가 전 국민의 마음을 움직인다. 15초로 사람의 마음을 움직인다. 기업의 마케팅 전략은 15초로 소비자에게 구매 충동을 일으킨다. 15초 만에 소비자의 눈을 뜨게 한다.

글쓰기도 독자의 눈을 열어 준다. 한 줄 문장으로 눈물을 훔치게 한다. 한 페이지를 통해 지난 세월을 반추하게 한다. 한 단락을 통해 독자들의 마음을 충동(衝動)해 움직이게 한다.

우리는 글쓰기를 해야 한다. 글쓰기는 독자의 눈을 뜨게 함은 물론 독자의 마음을 들뜨게 한다. 그러면 글쓰기는 작가나 독자의 기준을 넘어 표준이 된다.

글쓰기가 표준이 되면 구전(口傳)은 안개처럼 사라진다. 은어(隱語)도 물거품처럼 지나간다. 유행어(流行語) 역시 무지개처럼 증발한다. 구전을 글쓰기 하면 고전(古典)이 된다. 은어를 문자로 남기면 짐승이 먹어 치우는 사료(飼料)가 아니라 한 시대의 사료(史料)가 된다. 유행어도 기록으로 남기면 기행어(紀行語)가 된다.

저자는 한 글자로 된 인생 목적어가 '써'이다. 여기서 '써'는 "글을 써라"이다. 글은 써야 인생의 흔적이 남는다. 인생은 짧다. 기억도 짧다. 글은 짧지만 오래간다. 흔적을 남기려면 글을 써야 한다.

글쓰기는 나를 광고하는 15초다. 나를 알리는 가장 효과적인 방법이다. 광고로 나를 알리면 소득이자, 즉 이득이 된다.

광고는 15초로 상품 내용을 핵심적으로 홍보한다. 짧은 15초로 사람들의 마음을 뒤집는다. 상품 내용을 길게 설명하지 않고 짧은 15초 만으로도 충분히 서론 본론 결론을 다 보여 준다.

글쓰기는 15초 광고와 같다. 짧은 문장으로 쓴 글 하나로 사람들의 마음을 움직이고 충족시킨다. 글을 쓰면 초보 인생을 홍보 인생으로 바꿔 준다.

3

글쓰기는
오늘부터
시작해야 한다

—

글쓰기는 낙서다

글쓰기는 낙서다. 낙서는 쉽게 시작한다. 낙서는 큰 고민 없이 무의식중에 시작한다. 낙서가 아닌 각서는 고민한다.

어린아이들은 생각 없이 그냥 쓰며 낙서한다. 각서는 무엇을 쓸 것인가를 고민하며 쓴다. 우리가 낙서한다면 글쓰기는 이미 시작된 것이다. 글쓰기는 격식을 갖춘 각서가 아니다. 무의식중에 써 내려가는 낙서를 했다면 글쓰기를 시작한 것이다.

글쓰기는 낙서처럼 누구나 할 수 있다. 낙서는 글감을 찾은 후에 시작하지 않는다. 먼저 쓴 뒤에 좋은 글감이 떠오르도록 해야 한다.

김종원은 『1일 1페이지 인문학 여행 한국 편』에서 "동요가 아이들의 노래라면 민요는 백성의 노래다. 그러니 사람들에 의해 불린 시간만 따지면 민요만큼 애창곡도 없다"라고 한다.

우리나라 사람에게 민요는 친숙하다. 트로트 열풍이 부는이유는 민요가 우리나라 것이기 때문이다. 우리나라 사람이민요를 부르듯이 글쓰기는 친숙하게 누구나 하면 된다. 아무나 하지 못하는 것이 동요라면 누구나 할 수 있는 게 민요다.동요처럼 글을 쓰려고 하면 힘들어진다. 민요처럼 쓰면 누구나 할 수 있다.

'시바타 도요'는 90세가 넘는 나이에 첫 시를 썼다. 시를쓰게 된 계기는 간단하다. 아파서 취미였던 일본 무용을 할수 없게 되어 낙담한 어머니를 위로하기 위해 아들의 권유로 글쓰기를 시작한 것이다. 젊은 시절부터 영화와 독서를좋아했던 작가는 「산케이 신문」의 <아침의 시>에 입선한다.

그는 시 '약해지지 마'에서 다음과 같이 삶을 노래한다.

꿈은/ 평등하게 꿀 수 있는 거야/ 나도 괴로운 일도 많았지만/ 살아 있어 좋았어/ 너도 약해지지 마

노인의 일생이 담긴 짧은 시로 글쓰기를 한다. 글쓰기는 나이를 초월한다.

글쓰기는 '명작'을 쓰기 위한 것이 아니라 '시작'하면 명작이 나오는 것이다. 글쓰기는 '동요 사상'이나 '명작 사상'으로 출발하는 게 아니다. '민요 사고'나 '시작 사고'로 필기도구를 들면 글쓰기는 된다.

글쓰기는 낙서하듯이 쉽게 시작해야 한다. 마치 사막을 걷는 것과 같다. 사막은 하루 종일 가도 발자국이 남지 않는다. 그래도 사막을 걷는 이유는 언젠가 도착할 오아시스를 바라보기 때문이다. 발자국은 남지 않아도 결국 오아시스를 만난다.

글쓰기는 낙서하듯이 꾸준히 하면 된다. 낙서는 사막 길에 발자국처럼 지워져도 꾸준히 가면 오아시스가 나타난다. 낙서로 시작한 글쓰기를 꾸준히 하면, 각서와 선서처럼 현

실감 있는 글을 쓰게 된다.

롭 무어는 『결단』이라는 책 표지에서 이렇게 조언한다.

지금 시작하고 나중에 완벽해져라.

글쓰기는 완벽하지 않더라도 지금 시작해야 한다. 처음부터 완벽한 글쓰기를 하겠다는 욕심을 버리고 쓰면 된다. 처음 글쓰기를 하면 절벽 앞에 선 느낌이다. '답답함' 그 자체다. 처음은 답답함이지만 글쓰기를 하겠다는 생각만 하면 절벽이 다르게 보인다. 절벽에 그림을 그려야 한다는 생각으로 바뀐다. 생각을 바꾸는 순간, 절벽이 아니라 벽화가 된다.

글쓰기는 힘 빼기다

글쓰기는 힘 빼기다. 오래전 친구와 함께 난생처음으로 스크린 야구장에 갔다. 나는 구기 종목을 할 줄 몰라 재미가 없었다. 탁구공부터 농구공까지 모든 공을 좋아하지 않는다. 그때가 50대 중반이었다. 만능 스포츠맨 친구가 나를 보며 이렇게 말했다.

"힘 빼!"

스크린 야구장에서 공을 치려면 힘을 빼야 한단다. 야구 방망이를 어깨높이만큼 들고 있으니, 첫 번째 공을 치지 못했다. 공을 치지 못하고 있는 나를 보고 뒤에서 친구가 반복해서 외치는 말은 이것이었다.

"손에 힘을 빼! 어깨에 힘을 빼!"

어떻게 공을 치라는 말은 없고 힘을 빼라는 말만 한다.

그 후로 배운 게 하나 있다. 야구공 하나를 쳐도 힘을 빼고 쳐야 한다는 것이다. 힘을 주면 공이 날아오는 순간을 빠르게 포착할 수 없다. 친구가 한 말인 "힘 빼라!"가 아직도 귀에 쟁쟁하다.

글도 힘을 빼고 써야 한다. 힘주고 쓰면 글이 딱딱해진다. 부드러운 글감이 나오지 않는다. 글을 잘 써야겠다는 힘을 뺄 때 부드러운 글감이 떠오른다. 작품을 써야 한다는 욕심을 제거할 때 인품이 담긴 글이 나온다. 글은 하품하듯이 자연스럽게 써야 한다.

간판에는 힘이 들어간다. 디자인의 힘, 색깔의 힘, 글자 크기의 힘, 조명의 힘, 높이의 힘, 가격의 힘, 외래어의 힘, 한글의 힘, 무늬의 힘, 필체의 힘 등 각양각색의 힘이 간판 하나에 들어있다. 간판을 보고 감격하는 사람은 없다. 간판은 장소를 알리는 역할만 한다. 그 이상도 그 이하도 아니다. 간판은 무엇을 하는 곳인지가 중요하다. 힘 빼고 꼭 필요한 글자만 들어가면 된다.

김종원은 『1일 1페이지 인문학 여행 한국편』에서 '도자기의 역할 중 하나가 깨지는 것'이라며 다음과 같이 썼다.

중국의 도자기는 듬직한 형태미에 있고, 일본의 도자기는 아기자기한 색채에 있다. 청자든 백자든 한국의 도자기는 그 가냘픈 선에 있다.

신경균 작가는 전시에 온 관객들에게 자신이 빚은 도자기를 꼭 만져 보라고 권한다. 손에 닿은 촉감이 마치 아기 피부 같다는 것을 알려 주기 위해서다.

'예술이라는 것은 멀리서 관람하는 게 아니라 함께 사는 것이다'라는 게 자신의 '도자기 철학'이기 때문에 돈이 되지 않는 밥그릇과 국그릇 그리고 반찬 그릇, 다기(茶器)까지 열심히 빚는다. 놀랍게도 그는 관람하다가 실수로 작품이 깨

져도 별로 신경 쓰지 않는다. '깨지는 것도 도자기 역할의 일부'이기 때문이다.

신경균 작가의 말처럼 '지우고 다시 쓰는 것'도 글쓰기의 일부다. 글쓰기는 중요해 밑줄을 긋지만, '이건 아니다'라고 생각하는 곳에도 줄 긋기를 하는 것이다. 그래서 글쓰기는 힘 더하기가 아니라 힘 빼기다. 글쓰기도 필요하지만 글 지우기도 중요하다.

글쓰기는 공식보다 무식이다

글쓰기는 공식보다 무식이다. 글자를 몰라도 아이들은 그림을 그린다. 어른들이 이해할 수 없는 그림 그리기가 아이들에겐 글쓰기다. 글쓰기는 학력이나 나이와 상관없다.

'1+1=2'다. 산수 공식이다. '1-1=0'이다. 이 모든 수식은 공식을 거쳐서 나온 결과다. '1x1=1'이다. 더하기나 빼기, 곱하기는 모두 공식이다. 글쓰기에도 일정한 공식도 필요하다. 그러나 공식에만 매여 있으면 글쓰기는 점점 더 어려워진다. 가끔은 공식을 배제하고 무식하게 글을 써야 한다. '1+1=2'와 같은 산수 공식이 아닌 한글로 접근하면 글쓰기가 된다.

'일(1) 더하기 일(1)'은 '노동'이다. 글쓰기는 공식에만 얽매이지 말고 무식하게 시작하면 된다.

사람들은 글자는 몰라도 말은 한다. 이런 사람을 문맹자라고 한다. 글자를 알고 말을 하면 문명인이 된다. 말을 글자로 표현하면 글쓰기다. 다른 사람들이 바라볼 수 없는 마음을 글쓰기로 표현한 것이 바로 시(詩)다.

카피라이터 정철은 『한 글자』에서 "글은 눈으로 쓴다"라며 다음과 같이 말한다.

글을 쓴다. 그래서 남보다 더 많은 종이를 쓴다. 더 많은 연필을 쓴다. 하지만 종이 위에 연필로 쓰는 일보다 세상을 관찰하는 일에 더 많은 시간을 쓴다. 글은 손이 아니라 눈으로 쓰는 것이라는 표현을 즐겨 쓴다.

글쓰기에는 일정한 공식이 없다. 정철 작가는 글은 일반상식으로 쓴다고 말한다.

글을 쓴다. 종이를 쓴다. 연필을 쓴다. 시간을 쓴다. 안경을 쓴다. 신경을 쓴다. 누명을 쓴다. 잔머리를 쓴다.

우리도 글을 내가 쓸 수 있는 방식으로 쓰면 된다. 그것이 무식한 방법이라도 괜찮다. 내 인생에도 글쓰기에 대한 '한 글자' 철학이 있다. '써, 글 써, 마음 써, 시간 써, 돈 써, 힘써' 다. 글을 쓰라고 하는 이유는 글을 쓰면 남기 때문이다.

나의 블로그엔 "매일 낙서하면 작품이 남는다"라는 글자 로고가 있다. 매일 낙서하는 이유는 작품을 만들기 위해서가 아니라 쓰다가 보면 작품이 되기 때문이다. 그러므로 글쓰기는 작품이 먼저가 아니라 '하품'(下品)이 먼저다. 어떤 글자를 쓰다 보면 어떤 주제의 시(詩)가 써진다.

<하품과 정품>

정품이 下品 되면
제품은 볼품 없다.
사람은 인품이 더 중요하다.

글쓰기는 공식보다 오히려 무식하게 접근할 때 편해진다. 무식하게 글쓰기를 시작하면 나만의 글쓰기 공식이 만들어진다.

우리가 글쓰기를 낙서하듯, 장난치듯 하다 보면 나만의 글쓰기가 된다. 우리는 그저 쓰면 된다. 글쓰기를 배워서 쓰려고 하지 말고 쓰다가 보면 배워진다는 마음으로 쓰면 된다.

4
글쓰기는
사람을
웃게 한다

글쓰기는 기쁨을 준다

글쓰기는 기쁨이다. 신생아는 배냇짓을 한다. 이를 지켜보는
엄마는 웃음이 저절로 난다. 아기의 배냇짓은 육아로 지쳐있
는 산모를 웃게 한다.

　사람의 웃음은 피곤을 사라지게 한다. 사람은 웃음에 목
마르다. 웃음에 대한 속담이 많은 게 이를 증명한다.

"웃는 얼굴에 침 못 뱉는다", "웃으면 복이 와요", "소문만 복래"(笑門萬福來)라는 말 등이 있다.

뭔가에 쫓기는 사람에게는 웃을 여유가 없다. 100m 결승선에 들어선 선수는 웃을 틈이 없다. 여유가 없기 때문이다. 0.1초가 급하다. 여유가 있어야 웃을 수 있다. 신생아가 잠자면서 웃는 배냇짓을 하는 것은 여유가 있다는 것이다.

성경을 보면, 하나님께서는 웃을 수 없는 상황에서도 웃게 하신다.

'사라가 이르되 하나님이 나를 웃게 하시니 듣는 자가 다 나와 함께 웃으리로다'(창 21:6).

늙고 생리가 끊어진 사라가 아이를 출산한다는 것은 불가능하다. 하나님은 불가능을 가능하게 하신다. 생리가 끊긴 사라는 아기를 출산하고 이름을 '이삭'이라고 짓는다. 이 이름의 뜻은 '웃음'이다.

웃을 수 있는 여유조차 없는 사람, 바쁜 사람을 웃게 하는 길이 있다. 나를 웃게 하는 방법은 글쓰기다. 누구에게나 글쓰기는 웃음으로 가는 이정표다. 나는 '설교는 글쓰기다'라는 공부를 시작하면서 웃음을 찾기 시작했다. 웃음이 없는 게 아니라 숨어있던 웃음을 발견한 것이다.

웃음을 어떻게 찾는가? 나는 글쓰기를 배우면서 서서히 웃음을 찾게 되었다. 글쓰기는 내 속에 감춰진 바쁨을 잠재우고 기쁨을 찾게 한다. 글쓰기는 잠재의식 속에 잠자고 있던 기쁨을 퍼 올리는 마중물이다. 글쓰기는 바쁨을 잠재우고 기쁨을 깨우는 알람이다.

글쓰기는 슬픔을 신속하게 통과하게 한다

글쓰기는 내게 기쁨을 주는 것은 물론이고 슬픔을 통과하게 해 준다. 나의 글쓰기는 김도인 목사를 만나면서부터 시작되었다.

2019년 봄, 김 목사를 처음 만났을 때 그는 이렇게 말했다.

"목회자들의 설교는 논증은 안 하고 설명만 한다."

40여 년을 설교자로서 살아왔는데 이 말을 듣는 순간, 의미를 알지 못했다. 이 말에 관한 질문이나 대꾸도 하지 못한 채 그냥 수업이 끝났다. 그저 나 혼자 독백했다.

'그럼, 이때까지 설교한 것은 설교가 아니란 말인가?'

글쓰기 첫 수업은 이렇게 끝났다.

김도인 목사는『설교는 글쓰기다』,『설교자와 묵상』,『설교를 통해 배운다』,『감사 인생』,『격차의 시대, 格이 있는 교회와 목회』,『설교자, 왜 人文學을 공부해야 하는가?』,『독서 짱에서 독서광으로』,『언택트와 교회』,『책 쓰기! 나도 할 수 있다』,『아침의 숙제가 저녁에는 축제로』,『출근길 그 말씀』,『목회 트랜드 2023』,『이기는 독서』,『설교는 인문학이다』,『설교는 글쓰기다 3』,『설교 트렌드 2025』등을 썼다.

글쓰기 공부에 참석했으나 경제적인 부담도 있었다. 그리고 어느 날, '논증 세미나'에 참석했다. 논증은 말만 들어도 부담스러운 용어였다. 몇 권의 책을 읽고 그 책 내용을 분석하고 발표하는 세미나였다. 숙제를 전혀 하지 못하고 참석했다. 숙제할 줄도 몰랐다. 함께 공부하는 사람들의 격려(숙제 안 해도 참석이 가능하고, 참석하면 도움이 될 것이라는 권면)로 2박 3일 동안 처음 논증 세미나에 동참했다.

첫날부터 끝나는 날까지 나에겐 '소귀에 경 읽기'였다. 나에게 글쓰기는 슬픔의 도가니였다. 나보다 먼저 글쓰기 공부를 한 사람들의 발표를 들으면서 시간만 보냈다. 재미도 흥미도 없는 논증 세미나였다.

마지막 날, 소감을 얘기하라는 시간에 "솔직히 이 세미나에 참석하면서 제 느낌은 샤워할 때, 샴푸, 린스, body wash가 있는데, 노안으로 작은 글씨를 읽을 수 없다. 영어인지 한글인지는 알겠는데 어느 것이 샴푸인지, 린스인지, body wash인지 구별이 안 된다. 발표하는 사람들이 '설명, 논증, 적용' 부분을 분류해 가면서 이야기하는데, 난, 여전히 모르겠다"라는 슬픈 소감을 말했다. 글쓰기 수업도, 논증 세미나도 여전히 나에겐 슬픔의 연속이었다.

　슬픔을 안은 채 주 1회 글쓰기 공부 모임에 꾸준히 참석했다. 단어 하나를 선정해 주면 그 단어와 비슷한 용어인 단어의 특징을 100개씩 찾아 쓰라고 했다. 100개를 찾아서 쓸 수 없는 현실이 슬펐다. 그러나 다른 사람이 쓴 것을 들으면서 같은 단어가 나오거나 색다른 단어를 들을 때 나의 사고력이 조금씩 열리는 것을 느꼈다.

　대조 혹은 대비되는 두 단어의 공통점과 차이점을 찾는 훈련도 그와 같은 방식으로 진행되었다. 하나의 주제를 주면 그 자리에서 직접 글을 쓰고 발표하는 시간도 가졌다. 즉석요리는 바로 먹는 즐거움이 있는데 즉석 글쓰기는 솔직히 지겨움이었다. 한 단어로 글쓰기가 잘되면 흥겨움인데 한 단어로 글쓰기를 할 수 없으니 지겨움이었다. 글쓰기 공부 현장에서 한 단어로 글을 쓸 수 없었기에 슬펐다.

어느 날, 코로나19가 전 세계를 강타했다. 감염자 수가 많아질 땐 거리두기와 마스크 착용이 의무화되었다. 다중 시설이나 모임을 제한하는 정부 발표가 계속되었다. 코로나19를 핑계로 글쓰기 수업을 졸업(포기)하기 딱! 좋은 기회였다. 하지만 다시 모일 수 있는 정부 발표로 대면 수업이 진행되었다. 포기가 용기로 바뀌는 이상한 현상이 일어났다.

어느 날, 김도인 목사와 약 1시간 30분 정도 자동차를 타고 이동하는 기회가 생겨서 나의 형편을 이야기했다. 그때 김도인 목사는 수업료 부담을 갖지 말고 공부하란다. '감사가 아니라 감동'이었다. '세상에 이런 사람도 있나!'였다. 그때 난! 결심했다. 죽이 되든지 밥이 되든지 아궁이에 불을 지피듯 글쓰기 공부를 지속해야겠다는 의지를 굳혔다.

나는 그에게 나의 결심을 전했다. 무료로 공부하면 나사 풀린 볼트가 될 것 같으니, 수업료를 내고 공부를 시작하겠다고 말했다. 그 이후로 글쓰기 공부에 본격적으로 입장했다. 글쓰기를 본격적으로 해 보겠다는 굳은 결심을 하니 슬픔이 사라지기 시작했다.

지금 나를 웃게 하는 일이 생겼다. 글쓰기를 하면서 『일상에서 신앙 찾아가기』라는 책을 출간했다. 책 출간과 함께 「크리스천투데이」에 소개되었다.[1] 다음은 『일상에서 신앙 찾아가기』라는 책 '머리말'에 쓴 글이다.

이 책을 읽으면 생각의 물물교환이 일어날 것이다. 가던 길, 하던 일을 잠시 멈추고 '생각 장난'에 입학하면, '글 장날'이 되어 장바구니에 내가 가지고 싶었던 것들이 차곡차곡 쌓이는 기분을 만끽하게 될 것이다. 상품이 아니라 나만의 수제품을 누군가에게 나눌 수 있게 될 것이다.

이 책 내용은 일상에서 보고 쓰는 낯익은 단어들을 낯설게 대비시킨 재료들로 만든 '수제 묵상집'이다. 우연히 떠난 글쓰기 여행 이후 꾸준히 쓰고 찍은 글과 사진에 묵상을 가미해, 요즘 젊은이들이 좋아하는 단문 형태로 담아냈다.

'못(Nail)과 연못(Pond), 조각과 시각, 지붕과 지하, 깔기와 깎기, 용접과 영접, 조명과 누명' 등 언뜻 보기에는 반

---

1 「크리스천투데이」 이대웅 기자(dwlee@chtoday.co.kr), 접속: 2022.01.13. 16:05.

대되거나 연결되지 않는 단어들을 꿰어 낸 '글 바느질과 마음 뜨개질' 솜씨가 신선하다.

지금도 매주 금요일 오전에 Zoom으로 글쓰기 공부를 계속하고 있다. 글쓰기는 미래가 불투명한 나를 황소 눈처럼 크게 뜨게 해 준다. 하마처럼 입을 크게 벌려 웃게 해 준다. 태평양처럼 내 마음을 넓혀 준다.

글쓰기는 울 뻔했던 내 인생을 웃게 해 준다. 나에게 글쓰기는 글씨가 불씨가 되어 내 생각을 불태우는 아궁이가 되어 준다.

글쓰기는 비타민 D다

글쓰기는 비타민 D를 보충하는 것과 같다. 우리나라는 비타민 D 결핍 증상이 남성보다 여성에게 더 많이 나타난다고 한다. 그 이유 중 하나는 여성이 남성보다 자외선 차단제를 더 많이 바르기 때문이라고 한다.

우리나라 사람은 전 세계적으로 비타민 D 결핍이 가장 심한 나라에 속한다. 비타민 D 결핍을 예방하기 위해서는 하루 15~20분 정도 태양광선을 쬐는 것이 도움 된다고 한다. 자외선 차단제는 태양광선이 강한 낮에만 바르고 나머지 시간엔 팔과 다리를 노출하는 것이 좋다고 한다.

글쓰기는 비타민 D와 같다. 하루 15~20분 독서, 15~20분 글쓰기를 꾸준히 해야 한다. 비타민 D를 보충하는 방법은 두 가지다. 신체 노출과 음식물 섭취다. 글쓰기는 자기 노출이다. 팔다리를 태양광선에 노출하듯 자기 생각을 노출한다. 감춰진 사고력을 노출한다. 숨겨진 가치관을 노출한다. 기억 속에 저장된 내용을 노출한다.

독서는 이미 다른 글쓴이가 노출한 것을 수용하는 것이다. 독서는 다른 작가가 노출한 비타민 D를 섭취하는 것이다.

조선 후기 학자 이익이 쓴 책 『성호사설』에는 "다른 것은 몰라도 우리나라 사람들이 밥을 많이 먹는 건 세계 최고다. 내가 만난 다른 나라 사람들은 우리나라 사람들을 보며 한결같이 '밥을 이렇게 실컷 떠서 먹으니 어찌 가난하지 않겠는가?'라며 비웃었다" 라는 글이 나온다. 당시는 밥 먹는 양 때문에 웃음거리가 되었다.

문화체육관광부가 발표한 '2023 국민 독서 실태조사' 자료를 보면, 우리나라 성인의 연간 종합독서량은 3.9권으로

2021년보다 0.6권 줄었다. 이제는 적은 독서량이 비웃음거리가 되고 있다.

독서 장애 요인으로는 '시간이 없어서'라는 응답이 24.4%로 가장 높았고, '스마트폰이나 게임 등 다른 매체를 이용해서'가 23.4%, '책 읽는 습관이 들지 않아서' 11.3% 등의 순이었다.

바쁘다고 독서를 컷(cut)하면 삶이 커팅(cuittng)당한다. 독서를 실컷 해야 다른 이들을 컨설팅(consulting)할 수 있다. 가난해도 독서를 실컷 해야 독서와 글쓰기는 비타민 D로 충족된다.

Chapter 2

글을 쓰면
마음이 써진다

눈에 띄는
글쓰기

마음을 전달하는 글이어야 한다

글을 쓰면 마음가짐이 달라진다. 그동안 무심했던 일상조차
도 유심히 보게 된다. 우리는 글을 쓸 때 마음을 전달해야
한다.

초보 운전자가 쓴 글이 있다. 그의 글이 마음에 전달된다.
자동차 뒷유리에 쓴 글 중 이런 글들이 있다.

"결초보은! 이 은혜는 나중에 다른 초보 분께 갚겠습니다", "극한 초보, 지금까지 이런 초보는 없었다", "버스도 택시도 무섭지만 내가 제일 무섭다", "답답하시죠? 저는 환장합니다", "당황하면 후진해요", "초보라서 죄송해요. 말이나 탈 걸!", "이제 금방 면허 발급, 초보 운전 배려 감사합니다", "무면허나 다름없어요. 왕초보!", "무한 직진 중, 비켜 가 주세요. 제발!", "초보입니다. 부산도 처음", "초보라서 미안해요. 비행기를 살 걸! 그랬네요", "양보해 주셔서 감사합니다. 배꼽인사 드립니다", "노인네 운전 중, 많이 떨리네요", "초보 운전, 면허 어제 받았어요", "초보 운전자, 연습 많이 할게요", "왕초보 맞습니다. 밥하고 나왔어요", "저도 집에 가고 싶어요. 도와주세요", "초보 뒤는 처음이지요. 맞선 보는 기분이죠", "왕초보, 그냥 택시나 탈 걸" 등이다.

사람의 마음을 전달하는 글은 길지 않고 짧다. 마음에 감동을 주는 글은 보통 단문이다. 짧지만 마음을 전달하는 글쓰기라야 진정성이 엿보인다.

우리는 마음을 전달하는 글을 써야 한다. 마음을 전달하는 글은 상대방을 배척하지 않는다. 도리어 서로를 배려한다. 마음을 전달하는 글쓰기는 단문이지만 상호 간에 수용하는 마음이 먼저임을 알 수 있다. 마음을 전달하는 글은 언제나 감동을 준다. 우리는 마음을 전달하는 글을 써야 한다. 이런 글을 쓰면 마음이 써진다. 결국 다른 사람이 감탄한다.

마음을 찌푸리는 글은 쓰지 말자

우리의 글은 마음을 전달해야 한다. 때론 마음을 찌푸리는 글이 있다. 이런 글은 쓰지 말아야 한다. 자동차 뒤편 유리에 있는 내용 중에 눈살을 찌푸리게 하는 글이 있다. 이런 글은 읽는 사람의 마음을 언짢게 한다. 읽는 이들에게 불쾌감까지 준다. 이런 글을 만나면 괘씸한 생각이 든다.

"개 초보", "붙지 말고 어서 피해", "접근 금지", "초보 폭탄", "욕하시면 후진합니다", "R 아서 P 해라" 등이다.

마음을 찌푸리게 하는 글은 짧아도 의미 전달은 선명하다. 읽는 자에게 분명한 메시지가 전달된다. 우리는 할 수만 있다면 마음을 전달하는 글을 써야 한다. 그러나 마음을 찌푸리게 하는 글은 차단해야 한다.

글쓰기에는 긍정적인 글쓰기와 부정적인 글쓰기가 있다. 부정적인 글은 읽는 자에게 부정적인 이미지를 각인시킨다. 마음을 찌푸리게 해 글을 더 이상 읽지 않게 한다. 부정적인 글을 쓰면 다른 사람에게 밉살스러운 여운을 준다.

우리 주변에 불편한 마음을 느끼게 하는 글이 꽤 있다. 한 예로 "신발 분실해도 책임지지 않습니다"가 있다. 식당에 들어가기 전에 마음을 찌푸리게 하는 글귀다. 이런 글을 다르게 쓰면 어떨까?

"신발 분실! 보다 맛과 영양은 책임집니다."

그러면 식당을 찾는 고객은 언짢은 감정을 느끼지 않을 것이다.

일상에서 눈에 띄는 모든 글자를 한 번 더 깊이 생각하면 마음을 찌푸리는 글조차도 고쳐 쓸 수 있는 글쓰기를 하는 훈련의 장이 된다. 글을 쓸 때 마음을 찌푸리는 글보다 생각을 구푸리는 글쓰기를 하길 소망한다.

마음을 치료하는 글을 쓰자

우리가 쓸 글의 마지막은 마음을 치료하는 글이다. 마음을 치료하는 글쓰기는 어떤 글인가?

입대한 아들 소식이 궁금하여 보낸 부모의 편지는 아들에게 위로를 준다. 20년 이상을 익숙한 공간에서 살다가 집을

떠나 남자들만 모인 경직된 장소에서 "다나까나"라는 용어로만 소통하며 상명하복이라는 어색한 군대문화에 길들어져 가는 아들에게 부모의 위문편지는 마음을 치료해 준다.

하루가 멀다고 하며 데이트하다가 입대한 남자 친구를 향한 여자 친구의 편지 한 통은 마음을 치료하는 위로의 글이다. 시집간 딸이 어떻게 살고 있는지 소식을 알고 싶을 때, 짤막한 문자 한 줄이 소식을 기다리는 엄마에겐 위로의 글이다.

위로의 글이 되지 않으면 허위 글이 된다. 불법이 난무하던 시절, 멀쩡하던 사람이 수사 기관에 붙잡혀 심한 고문으로 말미암아 받아쓰기한 허위자백 글쓰기는 위로가 아니라 위증 글이다. 위증 글은 사실과 전혀 다르다. 위증 글은 수사 기관이 꿰맞춘 공포의 글쓰기다. 그러나 부모와 군대에 입대한 아들이 주고받는 글쓰기는 위로의 글쓰기다.

고문으로 말미암아 허위자백을 만들어 낸 글은 마음을 치료하는 글쓰기와는 거리가 멀다. 마음을 치료하는 글만이 위로가 된다. 마음을 치료하는 글쓰기는 '공감'이 그 바탕에 있다. 마음을 해치는 글은 '공갈'의 글이다. 고문으로 공갈치게 해 억지로 받아쓰게 한 위증의 글은 마음에 상처만 깊게 남긴다.

마음을 치료하는 글이 되려면 공감이 되어야 한다. 공갈의 글은 위기를 불러일으킨다. 공감의 글은 위로를 전달한다. 마음을 치료하는 글은 공갈을 삭제하고 공감을 불러일으킨다. 공감의 글은 오감으로 썼기에 감동케 한다.

2
글쓰기는
음악이다

글쓰기는 작사, 작곡과 같다

글쓰기를 음악으로 비유하면 작사하기와 작곡하기다. 누구
나 알듯이 음악의 시작은 작사와 작곡이다. 작사는 고진감래
글쓰기다. 작곡은 음표로 장(長), 단(短), 고(高), 저(底)로 표
시하는 글쓰기다. 작사와 작곡이 만나면 노래가 만들어진다.

음악의 알파와 오메가를 조율하는 사람은 지휘자다. 지휘
자가 음악을 지휘하듯이 글을 쓰는 사람은 단문과 장문으로

글을 지휘한다.

글쓰기에서 단문의 대표적인 글은 시(詩)다. 글쓰기에서 장문(長文)의 대표적인 글은 소설이다. 시는 사람의 마음을 움직인다. 소설은 인간의 생각과 삶을 다스린다. 글을 씀으로 인간의 마음과 생각을 끄집어내게 한다.

한근태의 『역설의 역설』에는 이런 글이 있다.

「조선일보」 기자가 건축가 승효상 선생에게 '건축가에게 제약이란 어떤 것'인지 물었다.

"만일 아무런 제약 없이 마음대로 건물을 지을 수 있다면 어떤 건물을 짓고 싶나요?"

승효상 선생은 단호하게 "그럼 저는 설계하지 못한다"라고 대답했다. 현실적인 조건이 없으면 설계할 수 없다는 것이다. 그러면서 그는 "사람이란 무릇 자신의 한계 때문에 꿈을 꾸고 그 한계 때문에 고민도 한다. 그 한계를 딛고 성장하는 데 어떠한 조건이 있어야 한다"라고 했다. 건축설계의 한계는 우리에게 안전사고를 예방하게 해 준다. 사람들의 느슨해진 안전 불감증을 줄여 준다. 설계사에게 조건과 한계는 생명 안전을 위한 고민으로부터 비롯된다.

건축가에게 제약이란 한계가 도리어 인간의 안전을 보장하는 계기가 된다.

사람은 어떤 종류의 고민을 하며 산다. 그 고민 중 하나가 글쓰기를 위한 고민이어야 한다. 글을 쓰는 사람은 매 순간 자신만의 한계를 고민한다. 고민할 때, 때론 아주 힘든 고문과 같은 과정을 거친다. 사고력 고문, 통찰력 고문, 융합의 고문 등이 자신만의 글쓰기를 완성케 해 준다.

글을 쓰기 위한 고문을 하다 보면 어떤 뜻하지 않은 소용돌이에 빠진다. 글자 '가'를 90도, 180도, 270도, 360도 회전하면 '가, 거, 고, 구'라는 글자가 된다. 그러면 "가라지는 잡초, 거문고는 악기, 고구마는 땅속에서 자라는 덩이뿌리, 구인광고는 상업 용어"라는 짧은 문장이 나온다. 글쓰기는 고민으로 출항하고 고문으로 항해하며 문장으로 정박(碇泊)한다.

한 글자를 돌리고 돌리면 글쓰기 도미노 현상이 일어난다. 글자에서 문장이 되는 도미노 현상이다. 다름 아닌 글자(字) 개체를 글월 문(文)으로 또 다른 문장을 남긴다.

글쓰기는 다양한 장르의 작사, 작곡을 통해 인간의 감성을 노래한다. 글쓰기 알파는 작사다. 글쓰기 오메가는 작곡이다. 글쓰기 완성은 작사와 작곡이 만날 때 다양한 장르의 음악으로 완성된다. 글쓰기는 작사와 작곡과 같은 원리를 띤다.

음악은 사람들의 마음을 만져 준다. 글쓰기도 음악처럼 사람의 마음을 만져 준다. 음악은 작사와 작곡으로 완성된다. 여기서 작사는 지성이다. 여기서 작곡은 감성이다.

글쓰기도 지성과 감성이 필요하다. 그러므로 글도 음악이 작사와 작곡으로 완성되는 것처럼 완성된다.

글쓰기는 4부 합창이다

글쓰기는 4부 합창이다. 음악은 소프라노, 알토, 테너, 베이스로 나눠진다. 서로 다른 4가지 소리가 합창 멜로디로 듣는 자들에게 감동을 준다. 글쓰기 또한 4단계가 필요하다. 습득, 설득, 납득, 체득이다.

글쓰기 1단계는 '습득'(習得)이다. 습득은 귀로부터 시작한다. 한국에서 태어나면 한국말을 한다. 자국(自國) 말을 하는 것은 태어나는 순간부터 자국어를 듣기 때문이다. 눈만 뜨면 들으니 자국어 습득은 저절로 이루어진다. 어떤 소리를 듣느냐에 따라 언어를 구사하게 된다. 습득은 절차나 규칙이 필요 없다. 습득은 자연스러운 터득이다.

습득은 귀로 시작하여 입으로 완성한다. 귀(耳)는 습득의 시작이다. 입(口)은 습득의 완성이다. 습득의 어학 사전적인 의미는 '학문이나 기술 따위를 배워서 몸에 익힘'이다. 습득은 귀로부터 시작한다.

글쓰기 2단계는 '설득'(說得)이다. 광고는 설득이다. 쇼호스트는 실시간 제품 판매를 위해 시청자를 설득한다. 제아무리 설득해도 모든 시청자가 설득당하지 않는다.

정철은 『내 머리 사용법』에서 다음과 같이 말한다.

상대를 아름답게 설득하려면, 상대를 아름답게 제압하려면, 감탄사를 문장 맨 앞에 세워야 한다. 오! 정말 좋은 생각이네요. 아! 솔직한 얘기 고맙습니다. 그래! 당신 말이 백번 옳아. 감탄, 감사, 칭찬은 상대를 무장 해제시킨다.

글쓰기에서 설득이란 물음표를 삭제하고 느낌표를 추가하는 것이다. 물음표로 의문을 앞세우면 의심만 키운다. 느낌표로 공감을 앞세우면 마음에 걸린 철조망을 해체시킨다.

설득은 독자 마음의 무장해제다. 우리가 글을 쓸 때 완전 군장으로 무장하지 않는다. 글을 쓰면 인간의 무거운 짐을 해체시킨다.

글쓰기 3단계는 '납득'(納得)이다. 납득은 내 생각과 다르다고 해서 공격하는 것이 아니라 공경하는 태도에서부터 출발한다.

납득(納得)의 사전적인 의미는 '남의 말이나 형편 따위를 잘 이해하고 긍정하는 것'이다.

정철은 『인생의 목적어』에서 "세상에서 가장 큰 우산을 들고 있는 여자는 엄마"라고 한다. 엄마는 가족 구성원 중 일부지만, 온 가족들의 마음을 이해하고 온 가족들의 말이나 형편을 가장 폭넓게 수용하며 산다. 그래서 세상에서 가장 큰 우산을 든 여인이다. 글쓰기도 마찬가지다. 글을 쓰면 지구촌에 존재하는 글자를 요리조리 맛을 내는 엄마 요리사와 같은 기능을 하게 된다.

글쓰기는 외식을 통해 먹는 밥이 아니라 집밥을 짓는 엄마와 같다. 집밥을 싫어하는 사람 없다. 집밥을 좋아한다. 글쓰기는 집밥 짓기다. 글쓰기는 납득(納得)이다. 납득(納得)은 자신의 이득을 챙기지 않는다. 엄마는 가족들이 어떤 밥과

반찬을 좋아하는지 가장 잘 아는 납득(納得)의 일인자다. 세상에 존재하는 모든 글자를 납득(納得)하면 글쓰기는 맛있는 글 밥상으로 차려진다.

글쓰기 4단계는 '체득'(體得)이다. 체득은 이론을 근거로 하는 실천이다. 탁상공론이 아니라 이용후생이다. 글쓰기는 결국 추천(推薦)이 아니라 실천(實踐)이다. 체득된 글에 독자는 행동의 변화를 일으킨다. 글을 써야겠다는 절실함이 있으면 결실하게 된다. 체득은 결심이 아니라 결실이다.

유인창은 『오늘부터 쓰면 된다』에서 마음을 움직이는 공감 글쓰기를 보여 준다.

'국민연금 보험료, 내년부터 2.3% 오른다.', '월급 500만 원 받는 사람이 내년부터 국민연금 보험료를 45만 원 내야 한다.' 예를 들어본 문장이다. 두 개의 문장은 같은 내용을 전하고 있지만 읽는 사람의 느낌은 크게 달라진다. 처음 문장은 분명한 사실을 단순하게 전달하고 있다. 그런가? 또 오르네. 이 정도의 느낌을 준다. 두 번째 문장은 눈이 확 쏠린다. 심장이 벌렁거린다. 이거 뭐야, 이렇게 많이? 두 번째 문장에 격한 반응이 나오는 건 피부에 와닿는 표현 때문이다.

"2.3%"와 "45만 원" 같은 숫자로 표기했지만 느낌이 다르다. 2.3%는 추상적이지만 45만 원은 구체적이다. 2.3%는 설득이지만 45만 원은 체득이다. 체득된 글쓰기는 구체적이다. 습득, 설득, 납득에 머물지 않고 체득할 수 있는 글을 써야 한다.

수많은 작사, 작곡이 있지만 사람들의 마음을 움직이는 노래는 따로 있다. 세상에 수없이 많은 글이 있지만 독자들의 마음을 움직이는 글은 따로 있다.

독자들의 귀(耳)를 움직이는 글쓰기는 '습득'(習得)이다. 마음(心)을 움직이는 글쓰기는 '설득'(說得)이다. 독자들의 생각(思)을 움직이는 글쓰기는 '납득'(納得)이다. 독자들의 행동(動)을 움직이는 글쓰기는 '체득'(體得)이다.

글쓰기는 이심사동(耳心思動)이다. 글쓰기는 귀로 시작한다. 마음의 느낌을 문자로 남기는 것이 글쓰기다. 글쓰기는 생각으로 사고력을 키운다. 글쓰기는 행동으로 전진한다. 글쓰기는 4부 합창이다.

글쓰기는 지휘자와 같다

글쓰기는 지휘다. 지휘자는 작사, 작곡, 성악을 진두지휘한다. 지휘자는 연주자들의 악기와 성악가들의 소리를 돋보이게 한다. 음악의 클라이맥스는 지휘자의 손끝에서 나온다. 지휘는 모든 음악의 시작과 끝을 갈무리한다.

글쓰기는 수많은 단어를 수집하고 나열한다. 지휘자는 연주자들과 성악가들의 소리를 배치한다. 글쓰기는 world에 흩어진 word를 배치한다.

글쓰기는 작사를 통해 '글감'을 만든다. 작곡을 통해 '공감'을 형성한다. 노래를 통해 '소감'을 남긴다. 청음을 통해 '직감'한다. 마음을 통해 '영감'을 받는다.

글쓰기는 사람의 오감을 움직이는 지휘자. 좋은 지휘자는 소리를 만질 수 있어야 한다. 곡에 대한 이해와 정확한 음을 찾는 청음 능력이다. 한 걸음 더 나아가 청중에게 감동을 전달한다. 음악을 음악으로 느끼게 한다. 지휘자는 연주자와 관중을 이어 주는 이음줄이다. 지휘자는 작사자와 작곡가, 연주자와 관중, 모두와 교감한다.

글을 쓰는 사람은 지상에 존재하는 모든 글과 단어를 선별하고 분석하여 감동적인 것을 찾아내는 고고(考古)학자다.

피아노 건반은 88개다. 고정된 건반을 연주자가 손가락으로 상하좌우로 터치하면 울림이 생긴다. 글쓰기는 글자를 연주하는 지휘다. 세상에 존재하는 모든 언어를 터치하여 가치 있는 글로 메이크업한다.

음악은 편곡도 한다. 편곡은 다른 느낌으로 전달한다. 글을 쓰는 사람은 글자를 편곡하는 편곡자다. 편곡은 고정된 것을 깨뜨리는 작업이다. 악보를 편곡하듯 글쓰기는 다른 사람의 글을 바꿔 쓰기 하며 새로운 글을 만드는 것이다.

지휘자는 악보를 이리저리 편곡한다. 또 다른 음악을 위해 음정의 높낮이를 조율하며 곡을 편집한다. 글을 쓰는 사람은 글자를 요리조리 배열하는 글 요리사며 글맛을 우려내기 위한 조리사다.

글쓰기는 요리다. 글 요리는 여러 가지 단어를 알맞게 맞추어 적절하게 배열하는 것이다. 글쓰기는 조리다. 글 조리는 기술적으로 글을 잘 다듬는 것이다. 글 요리는 기획이다. 글 조리는 기술이다. 지휘자는 악보를 요리하고 조리한다. 이것이 편곡이다. 편곡된 음악은 색다른 감동을 준다.

글쓰기는 글 요리와 글 조리를 하는 것이다. 지휘자의 손에서 음악을 연출한다. 글쓰기는 지휘다. 그러므로 글을 쓰는 사람은 지상에 존재하는 모든 글자를 생동감 있게 지휘하는 지휘자다.

3

글쓰기는
화상(火傷)치료다

글쓰기는 기록하는 기술이다

글쓰기는 손으로 기록하는 기술이다. 숟가락, 젓가락질도 손가락 기술에서부터 시작한다. 손가락이 주는 영향은 무궁무진이다. 손가락은 핸드폰 사용, 컴퓨터 작동, 운전 조작, 로봇 수술에 쓰임새가 있다.

김도인 목사는 『이기는 독서』에서 손으로 하는 메모의 중요성을 "메모는 기억력의 스승이다"라고 했다. 그는 메모를 노트에 했다.

베껴 쓰기와 메모는 다르다. 베껴 쓰기가 남의 글을 있는 그대로 쓰는 것이라면, 메모는 남의 말(글)을 축약하든, 첨가하든 자기 말로 쓰고, 자기 생각을 보탠 것이다.

책을 읽다 보면 이런저런 생각이나 아이디어가 떠오른다. 이를 손으로 메모해야 한다. 생각이나 아이디어가 달아나기 전에 종이에 기록해야 한다. 이것을 질서라 한다.

독서하는 사람들은 대부분 메모한다. 독서할 때 "중요한 것일수록 머리에 맡기지 말고 몸이라는 방부제를 쓰라"라고 한다.

필자는 핸드폰 '캘린더'에 매일 한 줄 메모를 남긴다. 책을 읽거나 동영상을 시청하거나 영화나 텔레비전을 보다가 마음속에 느낌이 오는 문장이나 명대사가 있으면 곧바로 핸드폰 '캘린더'에 손가락으로 메모한다. 좋은 문장은 똑같이 메모하지 않고 가능하면 내 방식으로 소화를 시켜 다르게 메모한다. 바꿔 쓰기를 한다.

김종원은 『문해력 공부』에서 "열 줄을 읽는 것보다 열 번을 생각하는 게 낫다"라고 한다. 읽어야 하지만 생각하고 메모하는 습관을 잊지 말아야 한다.

글쓰기는 읽고 생각하고 써야 남게 되는 자기만의 기술이다. 필자는 잠자는 시간을 제외하고는 간판을 보든지, 자연을 살피든지, 길을 걷든지, 무엇을 하든지 머릿속으로 메모한다. '바로 이거야!'하고 느낌이 오면 곧바로 핸드폰 '캘린더'에 손가락으로 메모한다.

기억이 안개라면 기록은 강물이다. 평상시에 해 왔던 손가락 메모를 살펴보면 이렇다.

* 독립은 '어디에 있느냐'가 아니라 '어떻게 서 있는가'이다.
* 행복은 정답을 찾는 게 아니라 선택한 것을 책임지고 사는 것이다.
* 현찰로 책을 사는 게 아니라 가슴으로 책을 사라.
* 아름다움은 찾는 자의 것이다.
* 구름은 큰 산을 넘을지라도 산을 해치지 않는다.
* 자유는? 수용할 권리도 거부할 권리도 있다.
* 열정은 졸리는 눈을 비비고 기지개를 켜는 것이다.
* 브레이크 때문에 가속페달을 밟는 것이 믿음이다.
* 주름살의 태풍을 몰고 오는 것이 세월이다.
* 비교는 비극을 가져온다.
* 의미 있는 삶은 샛별처럼 사라지지 않는다.

*당신 머리에 난 몇 퍼센트나 들어 있는가?

*사랑은 사람을 사람으로 데칼코마니하는 것이다.

*표정은 고통의 실체를 보여 주는 반사경이다.

*사람은 말한 것을 따라 하는 것이 아니라 보여 준 것을 배운다.

*진짜 가난은 관계의 빈곤이다.

*잔소리는 현수막에 남아 있을 뿐이다.

*쓸데없이 상관하면 비관이 눈을 뜬다.

*늘 같은 행동을 하면서 다른 결과를 기대하는 것은 어리석은 것이다.

*보살핌은 "왜 그러냐?"가 아니라 '이 사람 왜 이러지?'이다.

*나를 따르라고 강요하기보다 함께 가는 것이 좋은 'leader'다.

이렇게 메모한 것만으로도 책 몇 권을 낼 수 있는 분량이 내 핸드폰에 남아 있다. 손가락으로 메모한 습관이 가져다준 선물이다.

글쓰기는 기록하는 기술이다. 좋은 기술은 꾸준히 연마해야 한다. 글쓰기는 손가락으로 메모하는 기술부터 시작하면 기초가 탄탄해진다.

글쓰기는 미술이다

글쓰기는 미술이다. 미술은 백지에 뭔가를 표시하는 것이다.
스케치로 표시한다. 색깔로 표현한다. 모양으로 나타낸다.
한 걸음 더 나아가 상상한 것을 그린다. 카피라이터 정철은
『내 머리 사용법』에서 이렇게 말한다.

〈한 사람 한 잔〉
　사람이 술을 마신다. 술이 술을 마신다. 술이 사람을 마
신다. 술을 독이라고 믿는 사람들이 주장하는 술에 무너
지는 3단계, 그럴듯합니다. 그러나 그들이 모르는 다음 단
계도 있습니다. '사람이 사람을 마신다.' 너에게 나를 따르
고 나에게 너를 따르고 너는 나를 마시고 나는 너를 마시
고 너와 내가 사라지고 하나가 되어 버리는 시간, 그 시간
이 독이라면 즐거이 독배를 들겠습니다.

　글쓰기는 미술처럼 다양한 색깔(단어)로 색칠하는 미술
시간이다. 글쓰기는 건축물이 곡선과 직선으로 하나의 공간
을 꾸미듯이 지구촌에 존재하는 모든 단어를 사용해 모양을

삶을 쓰는 글쓰기

92

만들어 내는 미술 시간이다.

김종원은 『문해력 공부』에서 이렇게 말한다.

친구와의 약속을 어기면 우정에 금이 가고, 자식과의 약속을 어기면 존경이 사라지며, 기업과의 약속을 어기면 거래가 끊어진다.

글로 '우정', '존경', '거래'라는 그림을 그려야 한다. 이런 그림만 그리지 않는다. '연인', '이웃', '자신' 등의 쪽 그림을 그린 뒤 다른 단어를 연결해 그림을 그려야 한다. 우리가 글의 그림을 그릴 때, 글을 스케치하고 색깔을 칠하는 실습이 필요하다. 필자가 한 실습은 아래와 같다.

'연인과의 약속을 어기면 추억에 금이 가고', '이웃과의 약속을 어기면 서로를 향한 믿음이 사라진다.' '자신과의 약속을 어기면 실망만 저축된다.'

이런 방식으로 표현하는 미술처럼 각양각색의 글을 쓰다가 보면 필기도구와 메모지가 어느 순간, 내가 좋아하는 장난감처럼 느껴진다. 글쓰기가 소꿉놀이처럼 즐거워진다. 미술은 정답이 따로 없다. 글쓰기는 미술이다. 내가 쓴 글이 정답이다.

2~3살 어린아이들의 손은 글자 쓰기가 먼저가 아니라 그리기를 먼저 한다. 무엇을 그리는지 어른은 알 수 없다. 아이들은 직선이라는 글자를 모른다. 곡선의 의미도 모른다. 한글과 영어를 모르지만 자기 방식대로 표현한다.

미술은 자기 방식만의 표현이다. 글쓰기도 자신만의 표현 방식이다. 우리가 쓰는 글은 정답이 있는 게 아니라 미술처럼 자기 스타일대로 표현하면 된다. 우리가 그리는 글쓰기는 나만이 그릴 수 있는 나만의 그림 그리기다.

글쓰기는 마술이다

글쓰기는 마술이다. 마술은 바로 앞에서 펼쳐지는 순간적인 변화를 만들어 낸다. 마술은 눈 깜빡할 사이에 새롭게 변한다. 변하지 않는 마술은 관객들로부터 외면받는다. 관객들이 집중해서 보고 있지만 마술사의 손에서는 끊임없이 새로운 물체가 나타난다. 생각하지도 못한 또 다른 물체를 본 관객들은 함성을 지른다. 이처럼 마술은 변화가 기본이다.

마술사의 손에서는 1초 사이에 비둘기가 장미꽃이 된다. 장미꽃을 들었던 손이 한순간 맨손이 된다. 맨손을 몇 번 비비면 두루마리 휴지가 된다. 그 두루마리 휴지를 몇 차례 접고 또 접으면 명함이 된다. 명함을 돌리고 손가락을 움직이는 순간 오색찬란한 부채가 된다.

글쓰기도 마술이다. 같은 단어를 다르게 표현하면 쓴 단어에 따라 새로운 문장이 만들어진다. 각자가 쓴 글에 따라 한 페이지 안에서도 울거나 웃는다. 우리가 쓴 한 줄 문장에서 삶의 의미와 가치도 찾는다. 마술사는 관중의 눈앞에서 새로운 면을 보여 준다. 글쓰기는 한 줄 한 줄 지나갈 때마다 색다른 느낌을 전달한다.

유영만 교수는 『생각지도 못한 생각지도』에서 "창의적 사고는 질문 속에서 자란다. 창의적 사고는 물음표와 느낌표 사이에 살아간다. 물음표가 느낌표를 탄생시키고 느낌표가 물음표를 낳는다"라고 말한다.

좋은 글은 좋은 질문으로부터 나온다. 우리는 좋은 질문을 던져야 한다. "하나님, 기도하는 도중에 담배 피워도 되나요?"라는 질문을 던진 사람은 담배를 피우지 못하지만, "하나님, 담배 피우는 도중에 기도해도 되나요?"라는 질문을 던진 사람은 담배를 피울 수 있다.

어떻게 질문하느냐에 따라서 한 행동이 찬성 혹은 반대가 된다. 질문에 따라 긍정적인 답이 나오기도 하고 부정적인 답이 나오기도 한다. 남들과 다른 사고는 지금까지 아무도 던지지 않은 질문 속에서 탄생한다. 이처럼 글쓰기는 상상을 초월하는 마술과 같다.

글이 마술이 되려면 바꿔 쓰기를 하면 된다. 카피라이터 정철은 『꼰대 김철수』에서 "커피는 언제든 손 뻗으면 닿을 거리에 있는 따뜻한 외로움 치료제다. 그래서 외로움과 싸워 늘 나자빠지는 우리는 밤낮으로 커피를 찾는다. 아플 때도 슬플 때도 힘들 때도 커피와 마주 앉는다. 커피는 바쁘다 말하지 않는다. 고맙다. 커피!" 라고 썼다.

이 글에서 '커피'를 '친구'로 바꿔 써 보자.

"커피(친구)는 언제든 손 뻗으면 닿을 거리에 있는 따뜻한 외로움 치료제다. 그래서 외로움과 싸워 늘 나자빠지는 우리는 밤낮으로 커피(친구)를 찾는다. 아플 때도 슬플 때도 힘들 때도 커피(친구)와 마주 앉는다. 커피(친구)는 바쁘다 말하지 않는다. 고맙다. 커피(친구)!"

글쓰기는 이렇게 마술사가 마술하듯 바꿔 쓰기 하면 다른 느낌이 든다. 다른 물체가 되어 나온다. 또 다른 대상이 화살처럼 날아온다.

마술은 하루아침에 이루어지지 않는다. 반복된 연습이 가져다준 결과다. 쉬지 않는 손놀림이다. 손동작을 자연스럽게 움직이는 자기만의 비법이다. 글쓰기도 글을 쓰는 사람만이 새로운 단어로 바꾸어 표현하는 마술이다.

이번엔, 커피 ⇨ 친구 ⇨ '글자'로 바꿔서 써 보자.

"글자는 언제든 손 뻗으면 닿을 거리에 있는 따뜻한 외로움 치료제다. 그래서 외로움과 싸워 늘 나자빠지는 우리는 밤낮으로 글자를 찾는다. 아플 때도 슬플 때도 힘들 때도 글자와 마주 앉는다. 글자는 바쁘다 말하지 않는다. 고맙다. 글자!"

글쓰기는 글자로 마술을 펼치는 것이고, 그 글자는 일기가 되어 나의 흔적을 남긴다. 글자는 편지가 되어 내 마음을 전달한다. 글자는 텔레비전 자막이 되어 청각장애인에게 정보(Information)가 된다. 글자는 영화 속 주인공의 명대사가 되어 관중의 마음을 울리고 웃기는 여운을 남긴다.

글쓰기는 마술이다. 글쓰기는 앞뒤 방향을 바꿀 때마다 마술사가 마술하는 것같이 새로운 단어가 나타난다. 또 다른 의미를 일으킨다.

'교회'라는 글자로 마술을 하면 '회교'라는 글자로 다른 종교가 된다. 글자 하나 바꾸었는데 전혀 다른 종교가 된다. 글쓰기는 마술이다. 작가는 언어(글자)의 마술사다.

'부자는 자부심이 강하다.'
'연결이 끊기면 결연이다.'
'수평은 평수가 달라도 똑같다.'

글쓰기는 이렇게 글자로 마술을 하는 것이고, 글을 쓰는 사람은 마술사이다.

Chapter 3

글을 쓰면
인생이 써진다

삶을
쓰는
글쓰기

1

글쓰기는
숲 가꾸기다

글쓰기는 묘목 심기다

글쓰기는 묘목 심기다. 4월 5일은 식목일이다. 작은 묘목을 옮겨 심는 날이다. 작은 묘목이지만 큰 나무로 자랄 것을 기대하며 심는다. 손은 사과나무 묘목을 심지만 생각은 빨갛고 달콤한 사과 맛을 심는다.

작가에게 글쓰기는 묘목이다. 글쓰기는 한 글자, 한 단어로 작은 것으로 시작하는 묘목과 같다. 글쓰기를 하면 할수록 한 글자, 한 단어가 중요함을 절감한다. 작아 보이는 한 글자가 세월이 지나 한 편의 소설로 완성되어 나온다.

묘목은 심는 것으로 끝나지 않는다. 묘목은 시간이 흐르면 자란다. 자라는 묘목은 가치가 높다. 묘목은 자랄수록 나이테가 늘어난다.

글쓰기는 연수가 늘어날수록 실력이 자란다. 실력 향상은 작가에게 멈춤이 아니라 탈춤이다. 글자를 자유롭게 춤추도록 하라. 사고력은 글자를 춤추게 한다. 나이테가 늘어나듯 사고력을 더 넓혀야 한다. 작가에게 글쓰기는 지식 세계를 넓혀 준다.

유영만 교수는 『생각사전』에서 "내게 '봄(spring)은 봄(seeing)'이다. 봄은 약동하는 생명을 이전과는 다른 눈으로 관찰하는 계절이다"라고 한다.

우리에게 글쓰기는 묘목 심기다. 글쓰기는 묘목만 심는 게 아니라 묘목 속에 아직 드러나지 않은 꽃을 심는 것이다. 묘목 안에 깊이 내재되어 있는 열매까지 심는다. 우리는 글을 씀으로 글쓰기의 묘목을 심는다. 손으로는 묘목을 심지만 마음으로는 이미 거목을 심는 것이다.

고대 중국 언어에서 한 발을 '규'라 하고 두 발을 '보'라고 했다. '규보'는 아주 작은 거리를 뜻한다. 보잘것없는 거리지만 반보, 한 보씩의 거리를 쌓지 않으면 천 리, 먼 길을 갈 수 없고, 아주 작게 흐르는 물이 모이지 않으면 강이나 큰 바다를 이룰 수 없다는 말이다. 이처럼 우리의 글쓰기는 작은 거리인 규보가 모여 만 보가 되는 것이다.

'가나다라…'는 묘목과 같은 글자다. 묘목 글자를 옮겨 심으면 다른 뜻이 되어 나온다. '가나'라는 '나라'가 있다. 'ABCD…'는 알파벳이다. 묘목 알파벳이다. 묘목 알파벳을 옮겨 심으면 다른 뜻이 나타난다. 역사는 'BC와 AD'로 나누어진다.

글쓰기는 묘목 심기다. 정철은 『내 머리 사용법』에서 이렇게 말한다.

사람이 모자를 쓰는 것은 누군가와 싸우겠다는 결의를 밝히는 것이라고 합니다. 투수가 모자를 쓰는 것은 타자와 싸우겠다는 뜻입니다. 농부가 모자를 쓰는 것은 태양과 싸우겠다는 뜻입니다. 보안관이 모자를 쓰는 것은 동정심과 싸우겠다는 뜻입니다. 머리를 감지 않은 사람이 모자를 쓰는 것은 창피함과 싸우겠다는 뜻입니다. 머리카락 한 올 없는 사람이 모자를 쓰는 것은 비웃음과 싸우겠다는 뜻입니다.

글쓰기는 묘목 심기다. 우리가 쓰는 글은 내 머릿속에 들어 있는 모든 글자를 매일매일 봄철에 모내기하듯 묘목 심기를 하면 가을이 되어 벼 이삭으로 영글어 간다.

글쓰기는 가지치기다

작가에게 글쓰기는 가지치기다. 유실수는 가지치기를 해 줘야 튼실한 열매를 얻는다. 과수원 지기는 가지치기를 1년에 한 번씩 한다. 가지치기는 뿌리로부터 공급되는 영양분을 한곳으로 모아 주기 위함이다. 글을 쓸 때는 복문을 단문으로 가지치기해야 한다. 복문을 단문으로 가지치면 독자의 눈에 글이 잘 보인다.

김도인 목사는 『설교는 글쓰기다』에서 단문 쓰기의 중요성에 대해 이렇게 말한다.

설교 글은 단문이 좋다. 설교가 단문이어야 하는 이유는

삶을 쓰는 글쓰기

106

설교는 청중이 일방적으로 듣는 형태를 취하기 때문이다. 단문으로 구성된 설교는 이해가 잘된다는 것이다. 단문으로 쓰는 이유는 가독성을 높이기 위함이다. 단문만큼 중요한 것이 있다. 단어 개수를 많이 쓰지 않는 것이다. 20자 정도 내외에서 한 문장을 쓰는 것이 좋다. 그 이유는 인간이 기억할 수 있는 단기 기억 메모리는 많지 않기 때문이다.

작가는 글을 쓸 때 복문을 단문으로 과감하게 가지치기해야 한다. 과수원 지기가 탐스러운 열매를 따기 위해 가지치기하듯 작가는 복문을 단문으로 가지치기해야 한다. 과수원 지기가 나무의 가지치기를 하지 않으면 과잉 열매로 가지가 찢어질 수 있다.

글을 쓸 때도 글의 가지치기를 잘해야 한다. 단어 하나하나를 신중히 사용해야 한다. 글을 쓸 때 불필요한 미사여구를 과감하게 가지치기하면 가독성 높은 글이 만들어진다.

유시민은 『유시민의 글쓰기 특강』에서 단문에 대해 이렇게 말한다.

글은 단문이 좋다. 길어도 주어와 술어가 하나씩만 있

으면 단문이다. 문장 하나에 뜻을 하나만 담으면 단문이 된다. 가수가 고음을 시원하게 잘 내면 좋다. 그런데 노래를 처음부터 끝까지 고음으로 부르면 청중이 감탄할 수는 있지만 즐기기는 어렵다. 고음은 '클라이맥스'에 잠깐 나오는 것으로 충분하다. 글도 마찬가지다.

작가가 글을 쓸 때 고음으로 부르는 노래처럼 똑같은 단어를 계속 사용하면 독자는 지겨워한다. 글쓰기를 할 때 접속사를 많이 쓰면 고음으로 계속 노래하는 격이다. 단문 글쓰기는 접속사를 제거하는 것부터 시작한다.

이외수는 『글쓰기의 공중 부양』에서 "글쓰기에도 절단하기가 필요하다"라고 말한다. 그가 말하는 절단하기는 두 문장을 예로 들어 비교해 보면 선명하게 알 수 있다.

먼저, 가지치기하지 않은 문장이다.

"태어나자마자 용인의 한 고아원에 버려진 저는 그곳에서 고등학교까지를 마치는 동안 이렇게 세상만사에 무관심한 사람이 되고 말았습니다."

다음은 가지치기한 문장이다.

"저는 태어나자마자 용인의 한 고아원에 버려졌습니다.

그곳에서 고등학교를 마쳤지요. 그러는 동안 이렇게 세상만사에 무관심한 사람이 되고 말았습니다.”

같은 내용이지만 가지치기한 문장이 훨씬 더 선명한 느낌을 주는 것을 알 수 있다. 글쓰기에는 가지치기 과정이 필수다. 글쓰기를 할 때 복문이 아니라 단문으로 써야 한다.

긴 문장을 짧은 문장으로 가지치기할 때 매력 있는 글이 된다. 깔때기처럼 한 주제로 모아 주면 글이 명확해진다. 가지치기는 한 주제로 글쓰기를 하는 데 있어 지름길이다.

글쓰기는 열매 맺기다

글쓰기는 열매 맺기다. 나무가 모이면 숲을 이룬다. 숲을 이루기 위해 나무를 가꾸어야 한다. 나무를 가꾸어 열매를 맺어야 한다.

2024년 봄, 경상북도 지역에 재선충(材線蟲) 때문에 소나무가 대량으로 죽어 갔다. 가꾸어 놓은 소나무를 제거하는 처리 비용이 만만치 않았다. 처리 비용 걱정 때문에 재선충 소나무를 제거하지 않으면 숲 전체를 잃어버리게 된다. 재선충 소나무를 제거하는 비용과 시간을 소비해야 아름다운 숲을 가꿀 수 있다.

우리가 글을 쓸 때는 자신이 쓰고 싶은 글을 써야 한다. 글을 쓸 때 먼저 할 것은 낙서부터 시작하는 것이 좋다. 낙서는 쓰고 지우기를 반복한다. 재선충 때문에 죽은 소나무를 제거하듯이 낙서는 쓰고 지우고 또 쓰고 지운다. 우리가 쓴 낙서 속에 건질 만한 문장이 나온다. 그 문장을 잘 정리하면 각서가 된다. 각서는 중요하므로 보관한다.

낙서는 지우면 사라진다. 그렇지만 각서는 남는다. 각서는 받은 사람이 두고두고 본다. 각서는 기억해야 하기 때문이다. 글쓰기에서 남는 것은 낙서가 아니라 문장이다. 문장으로 남은 것이 글쓰기 열매다. 그러므로 글쓰기는 열매 맺기를 그 목적으로 두어야 한다. 글쓰기는 낙서로 시작하여 각서를 남기는 열매다.

한 사람의 노력이 하나하나의 나무를 심어 숲을 이루게 한다. 중국에 자하이샤(賈海霞)와 자원치(賈文其)가 그런 사람이다. 양쪽 눈을 모두 실명한 자하이샤와 양쪽 팔을 모두 잃은 자원치는 허베이(河北)성 예리(冶裏)촌 출신이다.

53세인 자하이샤의 왼쪽 눈은 선천성 백내장으로 어릴 때 실명됐다. 오른쪽 눈은 2,000년에 일하다가 잃게 되었다.

자하이샤와 동갑내기인 자원치는 3살 때 사고로 양쪽 팔을 모두 잃게 되었다.

2002년에 경제적 수입을 위해 두 사람은 마을의 50무(畝, 1무는 약 667㎡) 상당의 땅에 나무를 심기로 약속했다. 이렇게 두 사람은 서로의 눈과 팔이 되어 10년 동안 함께 일을 해왔다. 그들이 심은 나무만 벌써 수만 그루에 달한다고 한다.

50무가 넘는 황무지는 두 사람의 노력으로 현재 아름다운 숲이 되었다. 신체적 장애와 경제적 빈곤이 있던 두 사람의 10년간의 노력으로 50무가 넘는 황무지가 아름다운 숲이 되었고 중국 인민들은 감동했다. 글쓰기에도 이런 노력이 있어야 한다.

우리가 해야 하는 글쓰기는 실력 장애를 탓하는 게 아니라 노력을 구애하는 것이다. 중국인 두 사람은 장애를 탓하지 않고 장애를 극복하고 나무를 심어 숲을 가꾸었다. 숲으로 중국인들의 시선을 끌어낸 것이다. 장애를 극복한 결과, 사람들의 마음을 가꾼 것이다.

글쓰기는 언어를 가꾸어 목적한 바의 열매를 맺는 행위다. 말만 하면 남은 것 없이 사라진다. 글을 쓰면 사라지지 않고 지구가 존재하는 한 살아남는다.

많은 사람의 어릴 적 쓴 일기장은 여전히 집 한구석에 남아 있다. 하지만 어릴 때 했던 말은 사라지고 없다. 우리가 어릴 때 쓴 일기장은 아직도 남아 있다. 말은 사라지지만 글은 사라지지 않는다. 글을 쓰면 사라지지 않고 영원히 남아 있다. 그런 면에서 글쓰기는 열매 맺기다.

2

글쓰기는
감각 발달이다

글쓰기는 시각 확장이다

글을 쓰면 시각이 넓어진다. 시력이 좋은 사람도 있지만 시각이 다른 사람이 있다. 시력과 시각은 다르다. 시각의 사전적인 의미는 '사물이나 현상을 바라보거나 파악하는 각도 또는 입장'이다. 우리가 글을 쓰는 것은 시각을 넓히기 위해서다.

시각이 넓어지면 사물을 바라보는 관점이 트인다. 사물을 보는 각도가 넓어진다. 사물을 바라보는 관점이 커진다. 글쓰기의 가장 큰 장점이 깊은 사고력을 지닌 사람이 되는 것이다.

지식생태학자 유영만 교수는 『생각사전』에서 "색다르게 봐야 남다르게 볼 수 있다"라고 한다.

시각을 넓히려면 보는 것이 중요하다. 한양대 정민 교수는 보는 것에 대한 세 가지 의미를 다음과 같이 말한다.

한자에는 보는 것에 대한 세 가지의 의미가 있다. 한자의 '볼 견'(見)은 보기는 보는데 눈을 뜨고 있으니 보이는 것이다. 영어의 'see'에 해당하는 말이다. '견'(見)이란 무엇인가 보일 때 가지게 되는 의견(意見)이나 견해(見解)다. '견'(見)은 눈앞에 보이는 이익을 보고 욕심이 생긴다는 견물생심(見物生心)이 말해 주듯이 보고 싶어서 보는 게 아니라 그냥 눈앞에 있어서 보는 것이다. '견'(見)은 또한 자기 방식대로 보는 것이다. 자기 방식대로 본 의견과 견해가 다르므로 남의 의견이나 주장을 틀린 것으로 간주하며 견해차(見解差)가 생긴다.

'볼 시'(視)는 어느 차원에서 보느냐의 문제다. '시'(視)는

'견'(見)과 '시'(示)가 결합해 어떤 대상을 보여 주거나 보는 것을 말한다. 어느 각도에서 보느냐에 따라 다르게 보이는 것을 말한다. 시각차(視角差)가 발생하는 이유는 보는 각도(角度)가 다르기 때문이다. 똑같은 것을 봤다고 해도 정면과 측면 또는 후면에서 보느냐에 따라 보이는 것이 다르며 보는 것이 다르다.

'관'(觀)은 중심에서 보는 것이다. '볼 관'(觀)은 수리부엉이가 목표물을 응시하듯 뚫어지게 바라보는 것을 말한다. 사물을 무심코 보는 것을 넘어 자세히 응시(凝視)하며 뚫어지게 보는 것이다. 관형찰색(觀形察色)이라는 사자성어가 말해 주듯 '관'(觀)은 마음을 떠보기 위하여 얼굴빛을 자세히 살펴보거나 잘 모르는 사물을 자세히 관찰하는 것을 말한다. 통나무를 땔감으로 보면 '견'(見)으로 보는 것이다. 통나무를 나무젓가락으로 바라보면 '볼 시'(視)다. 하지만 통나무로 만든 식탁에 둘러앉은 가족을 떠올리면 '볼 관'(觀)이다.

사물을 보는 것이 중요하다. 어떻게 보느냐에 따라 달라지기 때문이다. 필자는 유영만 교수의 『생각사전』을 읽고 그 글을 바탕으로 글을 써 보았다. 제목은 '새끼(a straw rope) & 새끼(the young)'다.

새끼(a straw rope)는 짚으로 꼬아서 만든 줄이다. 이 새끼는 토종 끈이다. 이 새끼는 신토불이다. 이 새끼는 자연산이다. 이 새끼는 자연을 오염시키지 않는다. 이 새끼는 짚을 꼬아서 만든 자연산이다.

새끼(the young)는 출생한 지 얼마 안 되는 어린 짐승이다. 이 새끼는 귀엽다. 이 새끼는 재롱둥이다. 이 새끼는 자랄수록 힘이 센 어미가 된다. 이 새끼는 내일의 희망이다.

우리가 글을 쓰기 위해 하나의 사물을 보면 다양한 시각으로 보게 된다. '유리'를 보면서 '안경, 선글라스, 돋보기, 현미경, 망원경, 콘택트렌즈'로 바라보는 시각 확장이 이루어진다.

시력은 바꿀 수 없다. 시각은 글쓰기를 통해 언제든지 바꿀 수 있다. 시각이 넓을수록 어휘력은 증대한다. 글쓰기는 타고난 시력을 가지고 뛰어난 실력으로 발전할 수 있다.

시력은 제한적이지만 시각은 무제한적이다. 글쓰기는 1.5 시력으로 1만 5천 개의 글자를 활용하여 다양한 시각으로 색다른 문장을 만들 수 있다. 두 눈으로만 보면 제한된 시력이지만 두 눈을 감고도 시각을 열면 전 세계뿐 아니라 상상의 세계를 넘나들 수 있는 글쓰기가 된다.

글쓰기는 눈에서부터 시작한다. '눈'을 시력으로만 보면 '눈'이다. '눈'을 시각으로 보면 'Noon'(정오)이다. 글쓰기를 하면 한글을 보는 시력에서 영어로 바라보는 시각이 열린다. 글쓰기를 하면 글자를 독해(讀解)하는 단계에서 한 걸음 더 나아가 글자를 독파(讀破)하는 시각으로 발전한다.

박웅현과 강창래는 『인문학으로 광고하다』에서 "성냥개비 네 개로 밭 田(전) 자를 만들어 보라. 성냥개비 여섯 개가 있어야 밭 田(전) 자를 만들 수 있다. 네 개를 자르지 않고 네 개로 밭 田(전)을 보여 준 사람이 있다"라고 썼다.

시력으로만 보면 불가능이지만 시각으로 보면 가능하다. 성냥개비 4개를 모으면 밭 전(田)이라는 글자가 된다.

글쓰기를 시력으로만 보면 방법만 보일 뿐이다. 그러나 다양한 시각으로 보면 방향이 보인다.

글쓰기는 모든 글자의 방향을 바꾸는 시각 훈련이다. 그러므로 글쓰기는 타고난 시력에 머물지 않고 다방면으로 바라보는 시각 확장이다.

글쓰기는 청각 확대다

글쓰기는 청각 확대다. 청각은 오감 중 하나다. 청력은 소리를 듣는 능력이다. 지식생태학자 유영만은 『생각사전』에서 청각에 대해 한 예를 든다.

도요새는 주로 지렁이를 먹고 산다. 비가 오면 포식하는 날이다. 지렁이가 땅 위로 올라오기 때문이다. 빗방울이 땅을 두드리면 지렁이는 피부로 진동을 감지한다. 비가 안 오는 가뭄에 도요새는 어떻게 할까? 비가 안 올 때는 땅속에 있는 지렁이에게 비가 온다는 거짓 신호인 부리로 땅을 콕콕 찍고 돌아다니는 행동을 한다. 그러면 지렁이는 비가 오는 줄 알고 땅 위로 올라온다.

청각으로 도요새는 지렁이를 유인한다. 도요새가 부리로 땅을 두드리는 것은 청각을 이용한 먹이 사냥 방법이다.

우리가 글을 쓰려면 내가 듣고 싶은 것만 듣지 않고 들리는 소리를 들어야 한다. 들리는 소리에 귀를 기울이면 바닷가 모래알처럼 많은 글자가 반짝 아이디어로 떠오른다.

글쓰기는 청력에 호소하는 것이 아니라 청각에 집중하는 것이다. 청력은 들려야 듣는 것이지만 청각은 들리지 않아도 듣는 것이다. 청각장애인은 수화로 자신의 모든 것을 표현한다. 글쓰기는 청력을 상실해도 청각으로 하면 된다.

카피라이터 정철은 『한 글자』라는 책에서 청각이 작동하는 '귀'에 대해 이렇게 말한다.

남의 말을 흘려듣는 귀를 일컫는 말, 귀찮다. 남의 말을 소중히 듣는 귀를 일컫는 말, 귀하다. 남의 말을 따라 하며 듣는 귀를 일컫는 말, 귀엽다. 남의 말을 아예 듣지 않는 귀를 일컫는 말, 귀 없다.

청각은 "남의 말을 소중히 듣는 귀를 일컫는 말"이라고 한다. 우리가 글을 쓰려면 청각을 이용해야 한다. 청각을 이용해 글을 쓰면 그 의미를 남다르게 전달할 수 있다.

청각은 청각으로 그치지 않는다. 내면으로까지 의미를 확장시킨다. 로버트 루트번스타인, 미셸 루트번스타인의 『생각의 탄생』에서는 작곡가들에 대해 이렇게 말한다.

음악가들, 특히 작곡가들은 눈으로 '듣고' 귀로 '보는' 능력을 마치 일반인들이 일상생활에서 소리와 글자를 연결하는 것과 같은 방법으로 배양한다. 읽을 수 있는 것은 청각적 이미지를 만드는 것에 도움을 준다. 사람들은 대체로 종이에 글을 쓸 때 이에 상응하는 내면의 소리를 '듣기' 때문이다. 작가들은 이런 능력을 상당한 수준으로까지 발달시킨다.

이는 마치 뱃속에서 '물 흐르는 소리'를 들으면 배고픔이라는 글자와 먹고 싶은 음식을 떠올리는 것과 같다.

글쓰기는 청각으로 쓰기다. 청각으로 글과 그림을 그린다. 글쓰기는 청력으로 글자를 입력하고 청각으로 글자를 수출한다. 매미 소리는 청력으로 듣는다. 매미 소리를 청각으로 접근하면 여름이다. 글쓰기는 청각 확장이다.

글쓰기는 촉각 반응이다

글쓰기는 촉각 반응이다. 구약성경의 히브리 시(詩)를 깊이 연구한 시가서 전문가인 김진규 교수는 『히브리 시인에게 설교를 배우다』에서 "잠언은 게으른 자를 부리는 사람이 얼마나 힘든가를 촉각적 이미지를 사용해 묘사한다"라고 말한다.

'게으른 자는 그 부리는 사람에게 마치 이에 식초 같고 눈에 연기 같으니라'(잠 10:26).

촉각은 예민하다. 신체 중 촉각이 예민한 곳은 치아다. 치과 의술이 발달하지 않은 옛날에는 사람들의 치아 상태가 좋지 않았다. 치신경(治身經)이 드러난 치아에 식초를 뿌리면 매우 고통스럽다. 또 나무가 탈 때 나는 연기가 눈에 들어가면 참 괴롭다. 뜨거운 온도, 차가운 온도, 딱딱하거나 부드러운 것, 젖거나 마른 것, 거칠거나 매끄러운 것을 사람들은 예민하게 느낀다.

글쓰기는 촉각을 예민하게 한다. 마비되어 가는 굳은살을 제거하고 새살이 돋아나게 하는 세포처럼 되게 한다. 글쓰기는 '착각'으로 점점 둔해져 가는 뇌를 일깨워 '촉각'을 민감하게 한다. 기억은 '착각'으로 가는 고속도로지만 글로 '기록'하는 것은 '촉각'으로 안내하는 내비게이션이다.

시각장애인들은 점자로 소통한다. 점자로 된 글자를 촉각으로 느끼며 읽고 소통한다. 우리의 글쓰기도 촉각이라는 감각기능을 통해 기록을 남긴다. 사람들은 글쓰기라는 예민한 촉각을 통해 온 세상과 소통한다.

교도소에 입소하면 가슴이 답답해진다. 답답하지만 그곳에서 글쓰기는 옥중 수기를 남긴다. 바울은 차꼬에 매여 있지만 옥중서신인 갈라디아서, 에베소서, 빌레몬서, 빌립보서를 썼다. 촉각이 살아 있기에 가능했다. 우리가 글을 쓰는 것은 촉각 반응이다.

3

글쓰기는
성형외과다

—

글쓰기는 안과 수술이다

글쓰기는 안과 수술이다. 정상적인 눈은 자연이나 사물을 있
는 그대로 살핀다. 보이는 그대로 바라본다. 눈앞에 펼쳐진
정보를 꾸밈없이 입력한다. 눈동자는 끊임없이 움직인다. 눈
앞에 펼쳐진 사물을 스캔한다. 사물을 살피는 자연스러운 현
상이다.

녹내장이나 백내장 증상이 있는 사람은 사물을 사실대로 볼 수 없다. 안과 수술을 해서 잘 보이도록 해야 한다. 안과 수술을 하면 흐릿한 것을 선명하게 볼 수 있다.

글쓰기는 안과 수술과 같다. 글을 쓰면 흐릿한 내용이 선명해진다. 잘 알지 못한 사람의 마음도 잘 알게 된다. 글을 쓰면 글을 읽을 때보다 그 뜻이 정확해진다. 우리는 독서할 때 글 내용이 선명하지 않으면 책을 뒤적이다가 책을 멀리한다. 이에 글이 지루하지 않도록 글자를 수술해야 한다. 그것이 글쓰기다.

글쓰기란 어떤 것인가? 카피라이터 정철은 『머리를 9하라』에서 잘 설명한다.

글은 머리가 손을 시켜 쓰는 것이라고 한다. 관찰이 글을 만든다는 뜻이다. 눈으로 관찰하지 않고 쓴 글은 힘이 약하다. 울림이 약하다. 좋은 글은 눈에서 나온다.

그는 숫자 8을 가지고 다양하게 바라본 결과를 글로 썼다. 8이라는 숫자를 가로로 자르면 0, 타고난 팔자란 없다는 뜻이다. 8이라는 숫자를 세로로 자르면 3, 누구에게나 3번의 기회는 온다는 뜻이다. 8이라는 숫자를 눕히면 무한대, 그래서 누구나 성공 가능성이 무한하다.

우리는 글자를 수술해야 한다. 우리가 글자 하나를 안과 수술하듯 글자나 숫자를 수술하면 다르게 보인다. 전혀 뜻밖의 의미를 도출해 낸다. 글자나 숫자 하나도 남다르게 보면 색다른 의미를 발견한다. 독자는 이런 글을 좋아한다.

글을 수술하면 이전과 다른 다양한 것이 보인다. '목'(neck), '目'(눈목), '목요일', '木', 'mok(귀가 달린) 큰 잔'이라는 다양한 것이 보인다.

글을 쓰는 사람이 수술을 하면 한눈에 여러 개의 의미와 이미지가 글자 하나에서 입체로 보이기 시작한다. 글을 잘 쓰려면 희미한 눈을 방치하지 않아야 한다. 글을 잘 쓰려면 안과 수술을 해야 한다.

희미한 눈은 잘 보기 위해 안과 수술이 필수이듯, 우리가 글을 잘 쓰려면 글자 하나하나를 수술해야 한다. 그 이후로는 글자가 각별하게 보이기 시작한다.

글쓰기는 생각 시술이다

글쓰기는 생각 시술이다. 손바느질과 재봉틀은 같은 박음질이지만 생산량 차이가 크다. 글 쓰기에서 생산량의 차이를 크게 벌리려면 생각을 시술해야 한다.

손바느질은 재봉틀의 원조다. 손바느질은 실이 바늘 뒤를 따라간다. 바늘이 실을 끌고 간다. 재봉틀 박음질은 실과 바늘이 같이 움직인다. 재봉틀 박음질은 바늘과 실이 동시에 작동한다. 같은 박음질이지만 실 위치가 정반대다. 박음질 속도도 차이가 나는 것은 물론 박음질 모양도 재봉틀이 더 깔끔하다. 우리가 쓰는 글은 바느질이 아니라 재봉질처럼 깔끔한 글이어야 한다.

박웅현과 강창래는 『인문학으로 광고하다』에서 이런 예화를 말한다.

1968년 멕시코 올림픽 전까지는 높이뛰기를 할 때 직진하여 전진하면서 뛰었다. 그 이전 최고 기록은 5.8피트(약 1.77m)였다. 그 이후에는 다른 폼인 몸을 '뒤집는다'라는 생각 하나로 뛰었다. 결과는 많은 차이가 났다. 7.425

피트(약 2.27m) 높이로 날아올랐다. 무려 50cm나 차이가 벌어졌다. 이런 방식을 생각해 내고 실현해 낸 사람은 딕 포스베리(Dick Fosbury)다. 이후로 이 방법을 포스베리 플랍(Flop) 뒤집기라고 부른다. 스포츠 경기에서도 체력의 차이보다 '생각 차이'가 보여 준 결과다.

생각의 차이가 창의력의 차이를 불러일으킨다. 이런 차이를 벌리기 위해 생각을 시술해야 한다. 글을 쓰는 사람이 생각 시술을 하면 기존의 결과를 훨씬 초과하는 결과를 보여 준다. 우리는 글을 쓸 때 생각을 시술해야 한다. 생각을 시술해야 차이 나는 글을 쓸 수 있다.

이 책에서는 저자가 미국에 있었던 일화를 소개한다. 장애인과 비장애인이 농구 시합을 했다. 당연히 비장애인 팀이 이겼다. 그러나 그저 이기는 정도였으면 신문에 나지 않았을 것이다. 비장애인 팀이 장애인 팀을 100:0으로 이겼다. 이후에 이상한 일이 발생했다. 비장애인 팀 감독이 인정머리 없이 장애인 팀을 이겼다고 잘렸다. 이것을 본 사람들은 이렇게 말했다.

"그래, 좀 너무했네. 좀 봐주면서 하지."

그런데 비장애인 팀 감독이 물러나면서 한마디 한다.

"상대방을 존중했기 때문에 최선을 다했을 뿐입니다."

장애인들은 비장애인들에게 원하는 것이 있다. 우리가 도
와 달라고 말할 때까지는 무관심이 좋겠다는 것이다. 스포츠
경기에서 '봐주는 태도'는 장애인을 차별하는 것이다.

비장애인 감독의 생각이 달랐다. 장애인이니 봐주어야 한
다는 생각을 시술한 것이다. 장애인일지라도 스포츠 경기이
니 최선을 다해 경기해야 한다는 것이다.

글을 쓰려면 생각 시술을 해야 한다. 같은 재료로 생각을
어떻게 하느냐에 따라 차별과 무시라는 반응이 나타난다. 생
각 시술을 강조하는 카피라이터 정철 작가는 "일단 뒤집어
놓고 생각하는 자세를 습관화하라"고 조언한다.

생각을 시술한 글은 다음과 같은 글이 된다. '배반과 배신'
의 차이로 생각을 시술한 글은 아래와 같다.

'배반'은 온전한 배가 1/2로 쪼개어진 배다. 쪽배다. 파
선된 쪽배는 침몰한다. '배신'은 먹는 것을 신(神)처럼 대
하는 사람은 배가 곧 신(神)이다. 배고픔보다 배부름이 삶
의 목적이니까 비만은 성인병의 온실이다. 수시로 사용하

는 휴지는 배반도 배신도 하지 않는다. 인간은 그 휴지를 부담 없이 사용한다. 배반과 배신보다 더 멋진 단어는? 배려다.

글을 쓸 때 먼저 생각을 시술해야 한다. 생각을 시술한 뒤 쓴 글은 사람들에게 관심을 기울이게 하는 글이 되어 나온다.

글쓰기는 예술 만들기다

글쓰기는 예술이다. 예술은 아름다움을 표현한다. 자기만이 창조하는 일에 목적을 두고 작품을 제작한다. 일상의 모든 활동을 남다르게 보는 결과물이 되어 나온다.

글쓰기는 종합 예술품을 만드는 과정이다. 김경섭은 『인문학으로 배우는 한국 전통주 소믈리에』에서 '삼양주법'이란 말을 한다. 삼양주법은 '세 번에 걸쳐 만든다'라는 뜻이다.

첫째는 술맛을 좋게 하려는 목적이다. 둘째는 향이 깊어진다. 셋째는 술의 빛깔이다. 그는 삼양주의 대표적인 술이 '고급 청주'라고 말한다.

글쓰기도 마찬가지다. 맛과 향과 빛깔이 어우러질 때 글

내용이 돋보인다. 이런 글이 예술을 만든다.

　글쓰기 맛(내용)을 잘 나타내는 책을 쓴 작가가 있다. 카피라이터 정철이다. 그는 『한 글자』로 글의 맛을 다양하게 요리한다. 이 책은 한식, 일식, 중식, 냉면, 갈비탕 등 다양한 맛을 느낄 수 있게 해 준다.

　글쓰기 향(논증)을 맡을 수 있는 책은 유인경의 『퇴근길, 다시 태도를 생각하다』이다. 그 내용 한 부분을 소개하면 다음과 같다.

　가장 간단하고 쉬운 '미안합니다'란 말이 우주만큼 큰 힘을 갖는다는 것을 나도 나이 50이 넘고서야 알았다. 다섯 살 때도 이미 알고 있었던 말인데.

　이 책을 탐독하면 글쓰기의 한 방법인 논증을 배운다.

　글쓰기 빛깔(구조)을 익힐 수 있는 책은 김도인 목사의 『이기는 독서』다. 이 책에서 저자는 '공부'와 '독서'의 차이를 말한다.

　공부는 일종의 '일'이자 통과해야 할 '관문'이다. 그래서 즐겁지 않은 의무이다. 하지만 독서는 일종의 '재미'와 '놀이' 그리고 '행복'이다. 공부가 한철에 하는 것이라면 독서는 연중무휴로 한다.

사람에게 독서는 평생 스토리 쌓기다. 독서를 하면 글쓰기에 빛깔(구조)을 내는 데 도움이 된다. 우리가 쓴 글은 우리를 예술을 만들어 내는 프로듀서가 되도록 인도한다.

에필로그

60년 넘게 '글자'를 썼다. '가나다라…, ABCD…' 이런 글자는 사실(事實)일 뿐이다. 5년 전부터 글자가 아니라 '글'을 쓰기 시작했다. 글쓰기는 사실이 아니라 사색(思索)이다. 사실을 사색하면 남다른 글이 되어 나온다. 사실을 사색하면 다음과 같은 글이 된다.

"'가나'라고 하는 '나라'가 있다. 역사는 'BC'와 'AD'로 나뉜다."

삶을 쓰는 글쓰기

사람이 글자만 쓰면 지루하다. 재미가 없다. 늘 숙제하는 느낌만 든다. 반대로 글을 쓰면 재미가 있다. 흥미가 생긴다. 쓰면 쓸수록 기분이 좋아진다. 우리는 글을 써야 한다. 글을 쓰면 삶이 써진다. 글을 쓰면 마음이 써진다. 글을 쓰면 인생이 써진다.

첫째, 글을 쓰면 '삶'이 써진다. 삶만 쓰지 않는다. 잊어버린 기억을 되살리는 나만의 몽타주도 그린다. 글쓰기는 나이라는 스펙을 뛰어넘어 나만의 스토리를 재발견하게 한다. 글쓰기는 시간과 공간, 장소를 초월해서 쓸 수 있다. 그러므로 지금부터 글을 써야 한다.

둘째, 글을 쓰면 '마음'이 써진다. 짧은 글이지만 마음이 통하는 글이 써진다. "왕초보, 그냥 택시나 탈 걸." 초보 운전자의 마음이 느껴진다. 박완서의 『모래알만 한 진실이라도』 책 표지에는 "다이아몬드에는 중고라는 것이 없지. 천년을 가도 만년을 가도 영원히 청춘인 돌"이라는 글귀가 있다.

글로 마음을 쓰면 몸은 늙어도 마음은 늙지 않는 영원히 청춘이 된다. 모두가 알듯이 다이아몬드는 중고가 없다. 마찬가지로 글쓰기도 중고가 없다. 글을 쓰면 쓸수록 다이아몬드처럼 마음은 계속 빛난다. 그러므로 마음을 빛내기 위해 글을 써야 한다.

셋째, 글을 쓰면 '인생'이 써진다. 글쓰기는 자신의 인생을 가공하는 시간이다. 인생을 가공한다는 것은 '생각 도가니'에 '글쓰기 풀무'를 피우며 인생 대장간을 만들어 가는 과정이다.

우리가 알듯이 땅속에 숨겨진 철광석이 제련소를 통과하면 쇳덩어리가 된다. 쇳덩어리가 대장간을 지나면 각종 농기구가 만들어진다. 쇳덩어리로 철근을 만들면 건물을 세울 수 있다. 볼품없는 쇳덩어리를 시계 부속품으로 가공하면 무게는 줄어들어도 그 가치는 늘어난다.

우리가 글을 쓰는 것은 생각 속에 감춰진 모든 재료를 끄집어내는 것이다. 각종 글을 뭉치기도 하고 늘이기도 하고 끊기도 한다. 글쓰기는 자신의 인생을 다듬는 대장간이 된다. 우리는 대장간에서 땀과 눈물을 흘리며 망치질하는 대장장이가 되어야 한다.

우리가 글을 통해 삶, 마음, 인생을 쓰려면 거쳐야 할 과정이 있다. '부화'의 과정이다. 부화는 동물의 알 속에서 새끼가 껍질을 깨뜨리고 밖으로 나오는 과정이다. 부화는 제한된 공간에서 무제한의 공간으로 이동하는 과정이다.

모든 사람은 '생각의 알'을 가지고 있다. 글을 통해 내 안에 갇혀 있던 생각의 알을 깨뜨린다. 생각의 알을 깨뜨리면 새로운 글을 쓸 수 있는 또 다른 감각이 되살아난다.

글쓰기는 알(액체)에서 부화(입체)가 된 과정을 거친 것이다. 글쓰기는 자음과 모음, 기호나 숫자가 한 글자, 한 단어로 또 다른 문장으로 재탄생한다. 글쓰기는 알이 부화되어 병아리가 되는 것과 같다.

병아리가 자라면 암탉이 된다. 암탉은 또 다른 알을 낳는다. 알은 두 종류가 있다. 무정란과 유정란(有精卵)이다. 무정란은 부화가 되지 않는다. 수정된 유정란이 부화를 가능케 한다.

쓰고 다시 쓰는 수정을 거칠 때 글쓰기는 생각의 알이 부화되어 유정란이 되어 나온다. 생각의 유정란인 알이 부화되면 일기나 책, 칼럼이나 만화, 그림과 동화로 거듭난다.

빅터 프랭클은 『죽음의 수용소에서』를, 안네 프랑크는

『안네의 일기』를 제2차 세계대전을 배경으로 썼다. 장 도미니크 보비의 『잠수종과 나비』는 락트인 증후군이라는 희귀병에 걸린 잡지사 편집자가 왼쪽 눈꺼풀을 깜빡이며 철자를 받아쓰게 한 책이다.

우리는 글을 써야 한다. 글을 쓰려면 환경을 초월해야 한다. 글이 위대한 것은 시대를 뛰어넘기 때문이다. 글은 신체 조건을 탓하지 않는다. 글쓰기는 누구나 할 수 있다. 아니 누구나 해야 한다.

사람들은 자기 이름과 주민등록번호와 전화번호, 비밀번호를 사용한다. 이런 것은 누구나 알고 있는 사실이다. 사람은 기본적으로 사실을 갖고 있다. 이 기본을 기본으로 그치지 않고 사색하면 자본이 된다.

우리가 쓰는 글자 쓰기가 기본이라면 글쓰기는 무궁무진한 자본이다. 철광석은 기본이다. 철광석을 자본으로 활용하면 철근이 된다. 글쓰기는 철광석을 철근으로 재탄생시키는 두뇌 제련소다. 두뇌 제련소는 시간, 공간, 장소를 초월한다. 언제 어디서나 누구나 할 수 있다.

나에게 글쓰기는 '놀이'다.

글자를 가지고 마음 놓고 소꿉놀이를 하는 놀이다. 그 놀이를 즐겁게 해야 한다. 그 '놀이'가 발전하면 '논리'가 된다. 논리가 되면 사람들이 고개를 끄덕이는 글이 된다.

이 글이 필자만의 것으로 그치는 것이 아쉬워 이 책을 썼다. 우리 모두 글을 써서 행복한 삶을 살기 바라는 마음으로 썼다. 이 책을 통해 행복을 발견하고 행복을 누리고자 하는 사람에게 글쓰기를 권한다.

삶을 쓰는 글쓰기
- 글쓰기 공식

지은이   석근대

발행일   초판 1쇄 발행 2024년 10월 7일
발행인   김도인
펴낸곳   글과길

출판사   등록 제2020-000078호[2020.5.29.]
          서울특별시 송파구 삼학사로 19길 5 3층
          wordroad29@naver.com
편집   오현정
디자인   안영미
공급처   하늘유통
          경기도 파주시 광탄면 분수리 350-3
          전화 031—947-7777
          팩스 0505-365-0691
ISBN   979-11-988511-1-6   03170
값   12,000원